CAHIER D'EXERCICES ET DE LABORATOIRE

Qu'est-ce qui se passe?

CONVERSATION / RÉVISION DE GRAMMAIRE
SECOND EDITION

Robert Balas *Western Washington University*

Donald Rice *Hamline University*

HOUGHTON MIFFLIN COMPANY · BOSTON
Dallas   Geneva, Illinois   Hopewell, New Jersey   Palo Alto

CREDITS

Illustrations by Robert Balas

Cover Illustration by Dorothea Sierra

Library of Congress Catalog Card Number: 83-82362

ISBN: 0-395-34450-6

CDEFGHIJ-A-898765

TABLE DES MATIÈRES

PREFACE

The Cahier d'exercices et de Laboratoire is designed to supplement
Qu'est-ce qui se passe? Second Edition textbook. Its format
parallels the student text's and includes eight chapters and a
preliminary chapter. The material presented in each chapter of the
Cahier d'exercices et de Laboratoire is based directly on the grammar
and vocabulary found in the student text. Each chapter of the
Cahier d'exercices et de laboratoire is divided into two sections:
the workbook exercises (Exercices écrits), and the Lab Manual
exercises (Exercices oraux: Bande 1 and Bande 2), which correlate
to the tape program.

Exercices écrits

The workbook exercises provide a basic grammar review and supple-
mentary practice. Each section is divided into three parts:
Structures grammaticales (grammar exercises), Expressions
idiomatiques (practice of the idioms presented in each chapter),
and Composition dirigée (an opportunity for the student to write
a partially-guided essay based on the picture story in the
corresponding chapter of the student text). Each workbook exercise
provides the student with a page reference to the related material
in the text.

Exercices oraux

The Lab Manual section is to be used with the tape program. The
oral exercises correlate to the recorded activities in the program.
The tape program includes two tapes for each chapter, referred to
as Bande 1 and Bande 2, each approximately one half-hour in length,
with the exception of the Preliminary Chapter, which has no tape or
lab manual section.

The tape program was designed to provide conversational situations
emphasizing common speech patterns. It consists of a wide range of
activities that are both entertaining and challenging and varied in
form and level of difficulty. Some activities require that the
student use pictures or dialogues found in the student text. For
this reason, it is advisable that the student bring both the Cahier
d'exercices et de Laboratoire and the textbook to laboratory sessions.

Chapitre Préliminaire

RAPPELEZ-VOUS

Exercices écrits

STRUCTURES GRAMMATICALES

A. Mettez les verbes au présent dans les formes indiquées. (pp. 4,5,9)

1. réussir	tu _____		elles _____
2. défendre	il _____		vous _____
3. tomber	je _____		nous _____
4. choisir	je _____		vous _____
5. visiter	on _____		ils _____
6. mettre	tu _____		nous _____
7. aller	je _____		elles _____
8. se lever	tu _____		nous _____
9. conduire	elle _____		vous _____
10. avoir	il _____		elles _____
11. prendre	je _____		ils _____
12. être	tu _____		vous _____
13. sortir	on _____		ils _____
14. dire	tu _____		vous _____
15. courir	elle _____		nous _____
16. faire	je _____		nous _____
17. lire	tu _____		vous _____
18. se détendre	je _____		nous _____
19. vouloir	tu _____		ils _____
20. pouvoir	il _____		elles _____

Exercices écrits

21. rire   je _____   nous _____

22. savoir   tu _____   vous _____

23. écrire   on _____   ils _____

24. venir   je _____   nous _____

25. s'endormir   il _____   vous _____

26. connaître   tu _____   elles _____

27. boire   je _____   vous _____

28. vivre   tu _____   ils _____

B. Reportez-vous aux illustrations, pages 6 et 7 dans votre livre.
Imaginez-vous dans le rôle de Jean-Pierre et répondez aux questions
suivantes.

1. A quelle heure est-ce que le réveil sonne?

_____

2. Est-ce que vous vous levez tout de suite?

_____

3. Combien de temps restez-vous au lit avant de vous lever?

_____

4. Quel est votre premier réflexe quand vous vous levez?

_____

5. Que faites-vous avant de partir de chez vous?

_____

6. Où habitez-vous?

_____

7. Une fois monté(e) dans l'autobus, que faites-vous?

_____

8. Où allez-vous aujourd'hui?

_____

9. Avez-vous l'intention d'acheter quelque chose? Si oui, quoi et où?

_____

10. Que faites-vous ensuite dans le parc?

_____

11. Quel genre d'oiseaux y a-t-il?

_____

12. Est-ce que vous bavardez avec un jeune homme dans le parc?

_____

13. Où déjeunez-vous aujourd'hui?

_____

14. Est-ce que le repas coûte cher?

_____

15. Près de quel monument passez-vous?

_____

16. En arrivant chez votre amie, est-ce que vous lui faites la bise?

_____

17. Est-ce que vous restez toute la soirée chez elle?

_____

18. Après le dîner où allez-vous?

_____

19. Est-ce que vous retournez au restaurant après le spectacle?

_____

20. Qu'est-ce que votre amie vous dit quand vous la quittez?

_____

21. Est-ce que vous prenez l'autobus pour rentrer chez vous?

_____

22. A quelle heure vous couchez-vous ce soir-là?

_____

23. Est-ce que vous venez de passer une soirée agréable ?

_____

_____

C. Posez les questions qui provoquent les réponses suivantes. Utilisez les expressions interrogatives qui correspondent aux mots soulignés. (p. 7)

1. Non, nous n'aimons pas les escargots.

   (inversion) _____?
2. J'ai une dizaine de livres dans mon sac à dos.

   (est-ce que) _____?
3. Ils vont descendre de l'autobus à la Concorde.

   (inversion) _____?
4. Elle veut me rendre les photos lundi prochain.

   (inversion) _____?

Exercices écrits

    5. <u>Bien sûr</u>, Alain va nous donner tous les renseignements nécessaires.

       (est-ce que) _____?
    6. Nous allons rester chez nous <u>parce qu'il pleut</u>.

       (inversion) _____?
    7. Le bureau du médecin se trouve <u>près de la gare</u>.

       (inversion) _____?
    8. <u>Avec l'aide de ses deux frères</u>, Maurice va monter les meubles au troisième étage.

       (est-ce que) _____?
    9. Le rapide pour Paris quitte la gare <u>à trois heures précises</u>.

       (est-ce que) _____?
    10. <u>Oui</u>, elles veulent nous accompagner.

       (inversion) _____?

D. Répondez négativement aux questions suivantes en employant <u>ne...pas</u>, <u>ne...rien</u>, <u>ne...personne</u> et <u>ne...plus</u> à l'aide des mots entre parenthèses. (pp. 11-12)

    1. Est-ce qu'il y a quelqu'un dans la rue? <u>(personne)</u>

       _____
    2. Est-ce que tu écris à tes parents pendant l'année scolaire? <u>(pas)</u>

       _____
    3. Envoie-t-il l'invitation à ses amis? <u>(rien)</u>

       _____
    4. Est-ce que Maurice te raconte ses voyages? <u>(rien)</u>

       _____
    5. Vois-tu quelqu'un derrière la maison? <u>(personne)</u>

       _____
    6. Vas-tu toujours au stade le jeudi? <u>(plus)</u>

       _____
    7. Qui va-t-elle appeler à son secours? <u>(personne)</u>

       _____
    8. A qui est-ce qu'il donne de l'argent? <u>(rien, personne)</u>

       _____
    9. Est-ce que ta mère est quelque fois malade? <u>(jamais)</u>

       _____

10. Est-ce que nous pouvons faire quelque chose pour vous? <u>(rien)</u>

_____

11. A qui est-ce qu'Antoine parle? <u>(personne)</u>

_____

12. A quoi Marie s'intéresse-t-elle? <u>(rien)</u>

_____

_____

E. Répondez négativement ou avec <u>ne...que</u> aux questions suivantes basées sur les illustrations pages 8 et 9 dans votre livre. (pp. 11,12)

1. A dix heures moins cinq, est-ce que Marie porte déjà son sac à main?

_____

2. Marie s'est-elle maquillée avant de s'habiller?

_____

3. Est-ce qu'elle laisse la porte de son appartement ouverte en partant?

_____

4. Est-ce qu'elle va en ville avec quelqu'un dans sa voiture?

_____

5. Est-ce que vous voyez quelqu'un dans la voiture garée devant la boulangerie?

_____

6. Vend-on du pain dans un bureau de tabac?

_____

7. Est-ce que Marie achète trois robes, deux jupes et un chapeau dans la Boutique de Modiste?

_____

8. Achète-t-elle le chapeau à crédit?

_____

9. Marie rencontre-t-elle plusieurs amies en ville?

_____

10. Est-ce que Marie et son amie discutent de quelque chose de sérieux?

_____

11. Est-ce que Marie achète toujours ses provisions au supermarché?

_____

12. Visite-t-elle une galerie d'art traditionnel?

_____

13. Est-ce que Marie pense souvent à sa voiture?

_____

14. Est-ce qu'elle rend visite à un médecin?

_____

15. Qui aide Marie à faire le plein au garage?

_____

16. Est-ce qu'elle reste encore en ville après avoir fait le plein?

_____

17. En arrivant chez elle, met-elle une robe?

_____

18. Est-ce qu'il y a quelque chose à la télévision qui l'intéresse?

_____

19. Prépare-t-elle plusieurs plats pour son dîner?

_____

20. Travaille-t-elle toute la soirée?

_____

_____

F. Imaginez un petit dialogue où vous proposez—en vain—à un(e) camarade
plusieurs activités pour le week-end prochain. Votre camarade répond à vos
questions. Utilisez des expressions interrogatives et négatives de votre
choix.

VOUS: Veux-tu aller au zoo demain?

L'AUTRE: _____

VOUS: _____

L'AUTRE: _____

VOUS: _____

L'AUTRE: _____

VOUS: _____

Premier Chapitre

LA NARRATION DU PASSÉ

Exercices écrits

STRUCTURES GRAMMATICALES

A. Mettez les verbes suivants au passé composé, puis à l'imparfait.
   (Appendice)

1.	étudier	il	_____	_____
2.	tomber	elles	_____	_____
3.	rendre	ils	_____	_____
4.	prendre	nous	_____	_____
5.	être	vous	_____	_____
6.	venir	nous	_____	_____
7.	sortir	ils	_____	_____
8.	punir	elle	_____	_____
9.	se servir	nous	_____	_____
10.	ouvrir	vous	_____	_____
11.	courir	je	_____	_____
12.	mourir	elle	_____	_____
13.	dire	il	_____	_____
14.	écrire	vous	_____	_____
15.	sourire	elles	_____	_____
16.	lire	vous	_____	_____
17.	avoir	il	_____	_____
18.	pleuvoir	il	_____	_____
19.	falloir	il	_____	_____

Exercices écrits

20. savoir   nous   _____   _____

21. vouloir   vous   _____   _____

22. recevoir   elles   _____   _____

23. devoir   je   _____   _____

24. voir   elle   _____   _____

25. s'asseoir   il   _____   _____

B. Mettez les verbes soulignés au passé composé ou à l'imparfait suivant qu'ils expriment une action ou une condition. (pp. 16-19)

1. Il me remercie. _____

2. Philippe apprend le français à Caroline. _____

3. Valérie est blonde. _____

4. Ella va au café. _____

5. Je resterai en France jusqu'au mois de juillet. _____

6. Ella va au musée samedi. _____

7. Je lis souvent l'après-midi. _____

8. Sylvie peint ces deux tableaux. _____

9. Il fait humide. _____

10. A midi, elle attend son amie à la gare. _____

11. En voyant l'avion, elles ont peur de voyager. _____

12. Je lui parlerai plusieurs fois. _____

13. Nous passerons trois mois en Angleterre. _____

14. Je me couche à minuit tous les soirs. _____

15. Marie et Suzanne, vous arriverez à quatre heures et demie. _____

_____

16. Elles portent de jolis chapeaux. _____

17. Elles s'étonnent de vous voir à la soirée. _____

18. Il ne <u>se rase</u> pas avant de partir de chez lui. _____

_____

19. Est-ce que tu <u>ranges</u> ta chambre? _____

20. Nous <u>pensons</u> toujours à nos examens. _____

C. Mettez l'infinitif au passé composé en faisant attention à l'accord du
   participe passé. (Appendice p. 408)

1. Elle (partir) _____ après nous.

2. Les pommes? Je les (manger) _____ ce matin.

3. Nous (se coucher) _____ de bonne heure hier soir.

4. Est-ce qu'ils (aller) _____ au concert la semaine
   dernière?

5. Nelly et Anne-Marie (se téléphoner) _____ ce matin.

6. Quels cours (suivre) _____-elle _____ le trimestre
   dernier?

7. Elle (se laver) _____ la figure.

8. Elle (se laver) _____ ce matin.

9. Jean-Paul, à quelle heure (rentrer) _____-tu _____ hier
   soir?

10. A quelle heure les autres (se lever) _____-ils _____?

11. Ils (s'écrire) _____ des lettres.

12. Elles (se souvenir) _____ de leurs devoirs.

13. Voilà les fleurs qu'elle (apporter) _____.

14. Nous (se rencontrer) _____ devant la pharmacie.

15. Avant de partir, elle (se brosser) _____ les cheveux.

16. Marie, est-ce que tu (s'amuser) _____ hier soir?

17. Des livres? Georges en (vendre) _____ beaucoup.

18. Combien de photos (prendre) _____-vous _____?

19. Elle (sortir) _____ son mouchoir de son sac.

Exercices écrits

20. Nous (monter) _____ dans le train.

21. Hélène (descendre) _____ du taxi.

22. Ils (passer) _____ deux mois à Chamonix.

23. Nous (rester) _____ au Havre pendant deux semaines.

24. Sophie (monter) _____ l'escalier.

25. Marie (se casser) _____ la jambe.

D. Mettez l'infinitif au passé composé ou à l'imparfait. (pp. 22-25)

1. Hélène (se réveiller) _____ à huit heures et demie,

   (faire) _____ sa toilette et (quitter)

   _____ son appartement à neuf heures.

2. Ils (découvrir) _____ qu'ils (ne pas avoir)

   _____ assez d'argent quand ils (voir)

   _____ l'addition.

3. Au moment où sa cousine (arriver) _____ il (prendre)

   _____ un bain.

4. Lorsque nous (entendre) _____ le bruit dans la rue,

   nous (s'arrêter) _____ de travailler.

5. Il (faire) _____ nuit, il (y avoir) _____

   beaucoup de monde sur la terrasse du café et je (penser)

   _____ à ce que nous (aller) _____ faire le

   jour suivant.

6. Pendant que tu (être) _____ en train d'expédier un

   télégrame, nous (acheter) _____ des timbres et des cartes

   postales au bureau de tabac.

7. Elle (s'approcher) _____ de moi aussitôt qu'elle (me

   voir) _____ .

8. Il (décider) _____ de ne pas faire de voyage cet été

parce que ses parents (ne pas lui envoyer) _____ assez

d'argent.

E. Répondez aux questions suivantes en utilisant le passé composé et les
particules négatives suggérées entre parenthèses. (p. 21)

1. Es-tu déjà allée écouter un orchestre symphonique? (ne...jamais)

_____

2. Te rappelles-tu le titre de cette chanson? (ne...plus)

_____

3. L'avion a-t-il déjà atterri? (ne...pas encore)

_____

4. Est-ce que vous avez suivi les conseils de vos parents? (oui/ne...que)

_____

5. Après son départ en 1973, est-il retourné en France? (non/ne...plus
jamais)

_____

6. Qui les Lavallière ont-ils invité pour le Nouvel An? (ne...personne)

_____

7. Est-ce qu'elle a toujours voyagé en bateau? (oui/ne...que)

_____

8. Qu'est-ce que tu as reçu comme cadeau pour ton anniversaire? (ne...rien)

_____

9. Qui as-tu contacté pour ta soirée du 15 mai? (ne...encore personne)

_____

Exercices écrits

F. Regardez le tableau indiquant les activités de Sophie, d'Yves et de Gérard
et répondez aux questions suivantes. Tout s'est passé hier soir.

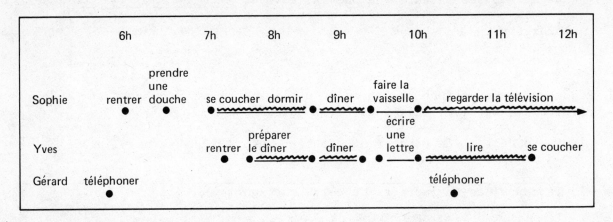

1. Quelles sont les deux premières choses que Sophie a faites après être
   rentrée?

   _____

2. Qu'est-ce qu'elle faisait quand Yves est rentré?

   _____

3. Combien de temps est-ce qu'Yves a mis pour préparer le dîner?

   _____

4. Pendant combien de temps est-ce que Sophie a dormi?

   _____

5. Qu'est-ce qu'Yves a fait pendant que Sophie faisait la vaisselle?

   _____

6. Combien de fois est-ce que Gérard a téléphoné?

   _____

7. Qu'est-ce que Sophie et Yves faisaient quand Gérard a téléphoné la
   seconde fois?

   _____

8. Qu'est-ce que Sophie faisait quand Yves s'est couché?

   _____

   _____

G. Transformez cette histoire au passé en mettant les verbes numérotés du
   présent au passé composé ou à l'imparfait. Ecrivez vos réponses en dessous
   de chaque paragraphe. L'histoire se passe du temps où le franc valait
   beaucoup plus!

   C'est[1] une belle journée de printemps, mais il fait[2] encore assez frais.

   Trois hommes en manteaux qui portent[3] des valises descendent[4] le boulevard.

Ils s'arrêtent[5] devant un hôtel et y entrent[6]. Ils vont[7] à la réception où ils trouvent[8] un petit homme maigre qui est[9] en train d'écrire dans un gros livre. Sans interrompre son travail, celui-ci demande[10] aux trois hommes ce qu'ils veulent[11]. Ceux-ci disent[12] qu'ils désirent[13] une chambre à trois lits, confortable et pas chère. L'hôtelier, derrière son bureau, réfléchit[14] un moment, puis sourit[15] et répond[16] qu'il a[17] encore une chambre à trois lits. Un des clients veut[18] savoir le prix de la chambre. <<Trente francs,>> répond[19] l'hôtelier. A en juger au prix, et étant donné que le petit déjeuner est[20] compris, les trois hommes décident[21] de prendre la chambre. Ils payent[22] la chambre, prennent[23] leurs valises et se dirigent[24] vers l'ascenseur. Quelques moments plus tard, ils s'installent[25] dans une grande chambre à trois lits qui donne[26] sur un beau jardin.

1. _____ 10. _____ 19. _____

2. _____ 11. _____ 20. _____

3. _____ 12. _____ 21. _____

4. _____ 13. _____ 22. _____

5. _____ 14. _____ 23. _____

6. _____ 15. _____ 24. _____

7. _____ 16. _____ 25. _____

8. _____ 17. _____ 26. _____

9. _____ 18. _____

Pendant ce temps, en bas, l'hôtelier réalise[1] soudain que la chambre ne coûte[2] que vingt-cinq francs. Il est[3] fâché d'avoir fait une erreur car il se considère[4] comme un homme méticuleux. Résigné, il fait[5] signe de la main à François, le garçon d'hôtel, qui est[6] debout près de la porte d'entrée. François doit[7] souvent faire des courses pour l'hôtelier, et, toujours fatigué et mal payé, il n'aime[8] pas se dépêcher. Quand il arrive[9] à la réception, l'hôtelier lui explique[10] pourquoi il veut[11] rendre les quelques francs aux trois messieurs. Le garçon se dit[12] que l'hôtelier est[13] bien trop honnête. D'ailleurs, ces clients semblent[14] tout à fait satisfaits du prix de la chambre. Mais l'hôtelier insiste[15] et le jeune homme quitte[16] la réception avec cinq pièces de un franc dans la main.

1. _____
2. _____
3. _____
4. _____
5. _____
6. _____

7. _____
8. _____
9. _____
10. _____
11. _____
12. _____

13. _____
14. _____
15. _____
16. _____

François prend[1] donc l'ascenseur, et tout en montant il se rend[2] compte qu'on ne peut[3] pas diviser également cinq pièces de un franc par trois. Très vite, les portes de l'ascenseur s'ouvrent[4] et François se retrouve[5] devant la porte de la chambre où logent[6] les trois hommes. En l'espace d'une seconde, il met[7] deux pièces de un franc dans sa poche. Puis, il reprend[8] contenance et frappe[9] à la porte. Quand les trois hommes se trouvent[10] devant lui, il donne[11] à chacun un franc tout en expliquant la situation. Il leur dit[12] que l'hôtelier veut[13] corriger l'erreur. Les hommes le remercient[14] de son honnêteté. François leur répond:[15]

<<Oh, c'est tout naturel, Messieurs!>> et il fait[16] immédiatement demi-tour et disparaît[17] dans l'ascenseur.

1. _____	7. _____	13. _____
2. _____	8. _____	14. _____
3. _____	9. _____	15. _____
4. _____	10. _____	16. _____
5. _____	11. _____	17. _____
6. _____	12. _____	

Considérons maintenant les faits: chaque homme—et il y en a trois—paye[1] dix francs pour la chambre. Mais en réalité, le prix de la chambre est[2] seulement de vingt-cinq francs. L'hôtelier donne[3] cinq pièces de un franc à François qui garde[4] deux francs et rend[5] les trois autres francs aux trois clients. Donc, chaque client paye[6] neuf francs pour la chambre, soit vingt-sept francs en tout. Et François garde[7] deux francs! Vingt-sept francs plus deux francs font vingt-neuf francs! Et alors, qu'est-ce qui arrive[8] au dernier franc?

1. _____	4. _____	7. _____
2. _____	5. _____	8. _____
3. _____	6. _____	

H. André raconte son histoire au présent. Transformez son récit en le mettant
   au passé et en combinant les phrases à l'aide des mots entre parenthèses.
   (pp. 43-58).

   1. Il fait très beau. Je me réveille. (quand)
      Le 28 juillet _____

   _____

Exercices écrits

2. Je reste au lit jusqu'à 8h. Je suis de mauvaise humeur. (parce que)

_____

3. Je me lève. Je vais dans la salle de bains. (après)

_____

4. Je fais ma toilette. Je m'habille. (avant de)

_____

5. Je me rase. Je me regarde dans la glace. (en)

_____

6. Je bois une tasse de café et je lis le journal. Je quitte la maison.
   (avant de)

_____

7. Je travaille à l'ordinateur. Je fais beaucoup d'erreurs. (en)

_____

8. Je sors du bureau. Je me dirige vers le pont. (après)

_____

9. Je réfléchis quelques minutes. Je décide de quitter la ville. (après)

_____

10. Je laisse tomber ma serviette. Une péniche passe sous le pont. (quand)

_____

_____

EXPRESSIONS IDIOMATIQUES

I. Complétez les phrases en employant un verbe ou une expression idiomatique de
la liste présentée ci-dessous. Utilisez chaque expression une seule fois.
(pp. 30-37)

se passer	commencer (par/de)	se souvenir (de)
arriver (à)	quitter	se rappeler
venir de	laisser	penser (à/de)
sortir	finir (par/de)	partir

1. Les invités _____ arriver quand nous avons téléphoné.
   (imparfait)

2. Nous voulons bien savoir ce qui _____ à Jean-Jacques.
   Nous ne l'avons pas vu depuis longtemps. (passé composé)

3. _____ apprendre à conjuguer les verbes oralement.
   Ensuite vous pourrez apprendre à les écrire. (impératif)

4. Les livres que tu _____ sur le fauteuil ne sont plus là.
   (passé composé)

5. Il est très curieux de nature. Chaque fois qu'il voit un accident, il

   veut toujours savoir ce qui _____. (passé composé)

6. Nous _____ Marguerite devant le bureau de poste. Elle
   attendait son autobus. (passé composé)

7. Qui est cette femme-là? Je la connais, mais je ne _____
   pas son nom. (présent)

8. Où sont les autres? Comment? Ils _____? Ils ne nous
   ont pas attendus! (passé composé)

9. Si elle continue à fumer, elle va _____ se ruiner la
   santé, c'est sûr. (infinitif)

10. Comment! Elle ne _____ pas de nous! Mais nous avons
    passé huit jours ensemble à Madrid! (présent)

11. Excuse-moi, je ne faisais pas attention. Je _____ un
    film que j'ai vu à la télévision. (imparfait)

12. Qui est cet homme qui traverse la rue? Oui, celui-là. Il vient de
    _____ de la pharmacie. (infinitif)

Exercices écrits

J. En référant au <u>Paradis perdu</u>, utilisez les mots donnés pour écrire des phrases portant sur les images indiquées.

1. arriver à / ? (image 1, page 43)

_____

2. laisser (image 2)

_____

3. commencer par (image 3)

_____

4. penser à (image 3)

_____

5. quitter (image 4)

_____

6. penser de / ? (image 4)

_____

7. se passer / ? (image 5)

_____

8. commencer à (image 6)

_____

9. finir par (image 6)

_____

10. s'en aller (image 6)

_____

_____

11. venir de (image 7)

_____

_____

12. se souvenir de (image 8)

_____

_____

COMPOSITION DIRIGEE: HISTOIRE EN IMAGES

K. Prenez une feuille de papier et faites une rédaction basée sur les images de
   la page 45 à la page 56 dans votre livre. Les questions suivantes vous
   serviront de guide ainsi que la première et la dernière phrase de la
   rédaction qui vous sont données plus bas. Employez au moins quatre des
   expressions idiomatiques données ci-dessous. (pp. 30-37)

   commencer à   laisser   penser + inf.

   penser à   sortir   venir de

   se souvenir de   partir   arriver à

Page 45

Exercices écrits

<u>Image 2</u>
    1. Quel était l'état de la chambre d'André?
    2. Est-ce qu'il venait de passer une bonne nuit?
    3. Décrivez-le au réveil. Que portait-il?

<u>Image 3</u>
    4. Quelles sont ses habitudes quand il se lève?
    5. De quelle humeur était-il pendant qu'il faisait sa toilette?
    6. Après avoir quitté la salle de bains, qu'a-t-il fait?
    7. A quoi pensait-il pendant qu'il prenait son petit déjeuner?
    8. A-t-il beaucoup mangé?
    9. Comment est-il allé travailler?
  10. Quel genre de travail faisait-il?
  11. Aimait-il son travail?

<u>Image 5</u>
  12. Qu'est-ce qu'il a fait après être sorti du bureau?
  13. Que pensait-il faire ensuite?
  14. Quels préparatifs a-t-il faits pour son voyage?

<u>Image 6</u>
  15. Qu'est-ce qu'André a fait au Club Méditerranée?
  16. Pourquoi ne s'est-il pas amusé?
  17. Quelle décision a-t-il finalement prise?

<u>Image 7</u>
  18. Où est-ce qu'André a terminé son voyage?
  19. Décrivez l'île où il se trouvait.
  20. André était-il de bonne humeur? Comparez André sur l'île et à Paris.

<u>Vous pouvez commencer par:</u>
Il était sept heures moins le quart quand le réveil a sonné.

<u>Vous pouvez finir par:</u>
Mais le pauvre André ignorait que le coin de l'île où il se trouvait allait
sauter à la dynamite!

Premier Chapitre

LA NARRATION DU PASSÉ

Exercices oraux: Bande 1

Activité 1: Phonétique--L'accent tonique

Explication: En anglais, les mots sont composés de syllabes fortes et de syllabes faibles. La place de l'accent tonique varie selon le mot. Par exemple: ordinary, conditional, surprise.
   Par contre, en français, chaque syllabe prononcée a la même valeur et il faut prononcer chacune de ces syllabes très clairement. L'accent tonique tombe toujours sur la dernière syllabe prononcée. Par exemple: bonjour, conditionnel, attention.
   De même, lorsqu'on groupe les mots en anglais, chaque mot garde son propre accent tonique. On insiste sur toutes les syllabes fortes en avalant (swallowing) parfois les syllabes faibles. Par exemple: The gov(e)rnment didn't react in its usual way.
   Par contre, en français, dans un groupe de mots, le groupe fonctionne comme un seul mot: chaque syllabe du groupe se prononce très clairement et l'accent tonique tombe sur la dernière syllabe du groupe. A chaque groupe de mots correspond un accent tonique. Par exemple:
      Le gouvernement n'a pas réagi à sa façon habituelle. (ou)
      Le gouvernement n'a pas réagi / à sa façon habituelle.

Répétez les mots suivants en comptant les syllabes avec les doigts.

bonjour	américain
chéri	aéroport
comment	intelligente
inviter	possibilité
commencer	international
attention	électricité

Répétez les phrases suivantes en comptant les syllabes avec les doigts.

Bonjour, Jean.
Bonjour, Jean-Jacques.
Bonjour, Jean-François.

Elle a téléphoné.
Elle a téléphoné hier.
Elle a téléphoné hier soir.
Elle nous a téléphoné hier soir.

    Tu étais marrant.
    Tu as un drôle de nom.
    C'était un jour de printemps.
    Il a commencé à pleuvoir.

A chaque numéro que vous entendrez, lisez à haute voix le mot ou la phrase
correspondant, puis répétez la réponse-modèle qui suit.

    1. déjeuner   5. Tu portais ton complet.
    2. difficulté   6. Tu portais ton complet vert.
    3. vouloir   7. Ils ont fini par filer.
    4. circulation

Activité 2: Dialogue--Les Bons Souvenirs

Activité 3: Compréhension

Vous allez entendre dix phrases à propos du dialogue. Déterminez si chaque
phrase est vraie ou fausse et marquez V ou F dans votre cahier. Vous entendrez
chaque phrase deux fois.

    1. _____   3. _____   5. _____   7. _____   9. _____

    2. _____   4. _____   6. _____   8. _____   10. _____

Activité 4: Ah, oui? Pourquoi?

Pour chaque numéro que vous entendrez, répondez à la première question en
indiquant que l'action s'est produite hier. Utilisez le passé composé. Puis
écoutez la confirmation et répondez à la deuxième question (pourquoi) à l'aide
des mots suggérés dans votre cahier. Enfin, écoutez la confirmation de votre
deuxième réponse.

You hear: Est-ce que Martine va rester au lit ce matin?
You say: Non, mais elle est restée au lit hier matin.
You hear: Ah, oui? Elle est restée au lit hier matin? Pourquoi?
You see: être très fatiguée
You say: Parce qu'elle était très fatiguée.
You hear: Oui, parce qu'elle était très fatiguée.

    1. il / ne rien y avoir à manger à la maison
    2. sa voiture / être en panne
    3. il / faire très beau
    4. il / neiger
    5. Michel / vouloir regarder un film à la télévision
    6. elle / attendre un coup de téléphone

Activité 5: Qu'est-ce que Jean-Pierre faisait...?

Répondez aux questions suivantes à l'aide des mots suggérés dans votre cahier.
Après chaque réponse, écoutez la confirmation.

Modèle: lire / Marielle

You hear: Qu'est-ce que Jean-Pierre faisait quand Marielle est arrivée?
You say: Il lisait.
You hear: Quand est-ce qu'il lisait?
You say: Quand Marielle est arrivée.
You hear: C'est ça. Il lisait quand Marielle est arrivée.

1. dormir / les autres
2. regarder la télévision / nous
3. se disputer avec les voisins / sa femme
4. préparer le petit déjeuner / tu
5. faire mes devoirs / Jacqueline
6. prendre une douche / le téléphone

Activité 6: L'été de Françoise

Répondez aux questions suivantes à l'aide des mots suggérés dans votre cahier.
Utilisez le passé composé ou l'imparfait, selon le cas. Puis écoutez la
confirmation.

Modèle: travailler dans une banque

You hear: Qu'est-ce que Françoise a fait l'été dernier?
You say: Elle a travaillé dans une banque.
You hear: Ah, elle a travaillé dans une banque.

vers sept heures et demie / se laver la figure / porter une robe ou un tailleur
/ y aller à pied / prendre l'autobus / 8.000 francs / s'acheter une petite
voiture

Activité 7: L'été de Jean-Jacques

Répondez aux questions suivantes au sujet de l'été de Jean-Jacques en utilisant
les mots suggérés dans votre cahier et écoutez la confirmation.

aller en Corse / deux amis / prendre le bateau / faire du camping / très chaud /
nager, faire le tour de l'île / y passer huit jours / 800 francs

Exercices oraux: Bande 1

Activité 8: Moi aussi

Répondez négativement aux questions suivantes à l'aide des mots suggérés dans votre cahier. Puis écoutez la confirmation de votre ami(e) qui fait toujours comme vous.

    Modèle: Mais non / à minuit

You hear: Tu t'es couché(e) hier soir avant neuf heures?
You say: **Mais non, je me suis couché(e) à minuit.**
You hear: Moi aussi, je me suis couché(e) à minuit.

1. Au contraire / rester au lit
2. Ce n'est pas vrai / en Afrique
3. Mais non / pour mon professeur de maths
4. Absolument pas / médecin
5. Ce n'est pas vrai / jamais
6. Tu te trompes / toujours avant neuf heures
7. Mais non / aimer beaucoup les chiens

Premier Chapitre

LA NARRATION DU PASSÉ

Exercices oraux: Bande 2

Activité 1: Phonétique--L'intonation dans les phrases énonciatives

Explication. L'intonation est une composante fondamentale de tout langage
parlé. L'intonation traite de la hauteur du ton de la voix lorsqu'on parle.
En anglais, la syllabe accentuée porte normalement la note la plus haute et,
comme nous l'avons vu, cette syllabe varie de place; par conséquent,
l'intonation semble très irrégulière. En français, puisque l'accent tombe
toujours au même endroit, l'intonation semble plus régulière; c'est toujours la
même syllabe prononcée du groupe qui porte la note la plus haute ou la plus
basse. Normalement, la note la plus haute indique la continuation et la note
la plus basse la finalité. La plupart des phrases sont formées de groupes
ascendants (indiquant la continuité) suivis d'un seul groupe descendant
(marquant la fin de la phrase). Par exemple:

   Quand Marie est arrivée, j'étais déjà dans le jardin avec les autres.

Si la phrase ne comprend qu'un seul groupe, la voix monte légèrement juste
avant de tomber à la fin de la phrase. Dans ce cas-là, il n'est pas nécessaire
de faire une pause. Par exemple:

   Je vais à Paris.

Répétez les phrases suivantes.

Je suis allée à Paris.

Je suis allée à Paris et ensuite à Rome.

Je suis allée à Paris, à Rome et ensuite à Londres.

L'homme d'affaires travaillait.

L'homme d'affaires et sa secrétaire travaillaient.

L'homme d'affaires et sa secrétaire travaillaient tard au bureau.

C'était le printemps.

C'était le printemps et il faisait du soleil.

C'était le printemps, il faisait du soleil et le ciel était très bleu.

Exercices oraux: Bande 2

Nous nous sommes mariés il y a cinquante ans.

Il faisait froid et le ciel était couvert.

Tu m'as remercié, je t'ai invitée à prendre un café, tu as accepté.

Le monsieur a acheté un maillot de bain, des palmes et un masque.

Quand elle était petite, elle n'avait pas d'amis.

En France on boit du vin rouge, du vin blanc et du rosé.

Maintenant, à chaque numéro que vous entendrez, lisez à haute voix les phrases
correspondantes, puis répétez la réponse-modèle.

1. Nous avons fini par filer sans payer.
2. Au café tu as commandé deux express.
3. Il s'est levé, a fait sa toilette et a pris son petit déjeuner.
4. Avant d'aller à l'aéroport, il a acheté un canot pneumatique.
5. C'était l'automne, il faisait froid et le ciel était couvert.

Activité 2:   Histoire en images--Le Paradis perdu

Ouvrez votre livre à la page 43. André se trouve à l'hôpital. Répondez aux
questions d'après l'image et utilisez les mots suggérés. Puis, écoutez la
confirmation.

    Modèle: mal

You hear: Comment se sent André?
You say: Il se sent mal.
You hear: Il se sent mal? C'est dommage.

1. deux   5. ne...plus
2. se casser   6. déjà
3. ne pas pouvoir   7. consulter la feuille du malade
4. un thermomètre

Activité 3:   Jouez le rôle d'André

Jouez le rôle d'André et répondez aux questions suivantes. Utilisez les mots
suggérés dans votre cahier, puis écoutez la confirmation.

    Modèle: l'autobus

You hear: Qu'est-ce que vous preniez d'habitude pour aller au bureau?
You say: Je prenais l'autobus.
You hear: Oui, je prenais l'autobus.

1. à pied
2. arrêter mon travail

26

3. laisser tomber dans le fleuve
4. partir en avion
5. au Club Méditerranée
6. vouloir trouver une île déserte pour être tranquille
7. faire déjà nuit quand
8. les ouvriers / faire sauter une partie de l'île à la dynamite

Activité 4: Expliquez

Cette fois, écoutez la question suivie de la réponse d'André. Ensuite expliquez sa réponse à quelqu'un qui a mal entendu. Puis, écoutez la confirmation. Ecoutez le modèle.

Modèle: avoir le cafard

You hear: Pourquoi est-ce que tu restais toujours au lit?
         Parce que j'avais le cafard.
         Comment?
You say: Parce qu'il avait le cafard.
You hear: Ah, il avait le cafard.

1. en avoir marre
2. se libérer
3. trouver les gens très
   ennuyeux

4. un paradis
5. épuisé
6. de très bonne humeur
7. à contre-cœur

Activité 5: Petite scène dramatique--"Sur le pont Neuf"

Vous allez entendre la lecture d'une petite scène dramatique. Ensuite, on vous posera quelques questions sur ce qui se passe dans la scène. Ecoutez en français: n'essayez pas de traduire chaque phrase mais plutôt essayez de reconnaître les mots et les expressions français que vous connaissez. Avant de commencer, répétez les mots suivants qui sont peut-être nouveaux pour vous: moche = "lousy"; le coup de foudre = "love at first sight" (literally, "a clap of thunder"). Maintenant écoutez la scène qui s'appelle "Sur le pont Neuf."

Activité 6: Exercices de compréhension

Vous entendrez une série de questions à propos de la scène que vous venez d'écouter. Chaque question est suivie de trois réponses possibles. Répondez à la question en entourant d'un cercle la lettre dans votre cahier qui correspond à la réponse qui convient. Quand vous aurez terminé, vérifiez vos réponses en écoutant la lecture de la scène une seconde fois.

Exercices oraux: Bande 2

1. a   b   c   4. a   b   c

2. a   b   c   5. a   b   c

3. a   b   c   6. a   b   c

Deuxième Chapitre

POSER DES QUESTIONS

Exercices écrits

STRUCTURES GRAMMATICALES

A. Transformez les phrases suivantes en questions. Utilisez l'inversion. (pp. 62-63)

1. Le maître du château a fait la cour à la bonne.

    _____

2. La maîtresse du château leur a lancé un regard plein de colère.

    _____

3. Marie vient de changer de vêtements.

    _____

4. Le jardinier ne verrouillera pas la porte après être entré dans la cave.

    _____

5. Il cherchait le coffre-fort dans la bibliothèque.

    _____

6. Elles ne se sont pas cassé la jambe en faisant du ski.

    _____

7. Vous auriez pu vous enfuir, si vous aviez voulu.

    _____

8. L'infirmière a pris le pouls d'André.

    _____

9. On a mis sa jambe dans le plâtre.

    _____

    _____

B. Complétez les questions ci-dessous en employant une des expressions interrogatives suivantes: où, quand, combien(de), comment, depuis combien de temps, pourquoi, à quelle heure. Il y aura parfois plus d'une réponse possible. (p. 7)

1. _____ est-ce que le marchand de glaces était assis quand tu l'as vu?

Exercices écrits

2. _____ a-t-il le cafard? Depuis trois jours?

3. _____ Caroline n'a-t-elle pas envie de s'amuser ce week-end?

4. _____ est-ce que tu as pu passer près de l'accident sans le voir?

5. _____ est-ce que l'autobus s'arrête?

6. _____ est-ce Maurice a promené ses chiens? A minuit? A deux heures?

7. _____ ont-ils décidé de reprendre leur travail? Hier?

8. _____ fois vous a-t-on demandé de ne pas fumer de cigare dans le salon?

9. _____ s'est-elle libérée de ses rendez-vous?

C. Posez des questions qui ont pour réponse une personne. Employez <u>qui</u>, <u>qui est-ce qui</u> ou <u>qui est-ce que</u> (pp. 63-64).

1. _____ tamponne les passeports?

2. _____ tu cherches?

3. _____ te cherche?

4. De _____ êtes-vous accompagné?

5. _____ s'est embarqué dans le canot pneumatique?

6. Avec _____ l'homme d'affaires a dîné la première soirée au Club Méditerranée?

7. _____ risque de ne pas se réveiller de bonne heure ce matin?

8. A _____ l'hôtesse de l'air a souri?

9. _____ avez-vous vu appuyé contre la balustrade?

10. _____ a envie de changer de vie radicalement?

D. Posez des questions qui ont pour réponse une chose. Employez <u>qu'est-ce qui</u>, <u>qu'est-ce que</u>, <u>que</u>, <u>quoi</u> ou <u>quoi est-ce que</u>. (pp. 65-66)

1. _____ l'infirmière a apporté au malade?

2. _____ lui a coûté les yeux de la tête?

3. A _____ pensait-elle quand tu l'as vue?

4. _____ il s'est rappelé en voyant le fauteuil roulant?

5. Sur _____ la salle de convalescence donnait?

6. _____ il a jeté dans la Seine?

7. _____ est arrivé à André?

8. Par _____ ils ont commencé leur dîner?

9. _____ lui donnera-t-elle?

10. Vers _____ Véronique veut s'orienter?

E. Posez des questions qui demandent une définition ou qui posent un choix.
Employez que, qu'est-ce que c'est que, quel est, etc. ou une forme de quel
ou de lequel. (pp. 67-70)

1. _____ cherches-tu dans sa valise?

2. _____ les chemises que tu as achetées?

3. _____ un tuyau?

4. _____ veut dire tuyau?

5. A _____ de ces deux solutions pensiez-vous?

6. _____ le pyjama que tu préfères?

7. _____ un réveille-matin?

8. Il a mis un de ses vestons. _____ a-t-il choisi?

9. _____ son cigare préféré?

10. _____ veut dire en avoir marre de?

11. _____ de ces casseroles fait-il chauffer?

12. De _____ ordinateur te sers-tu d'habitude?

13. Elle m'a dit qu'elle allait lire plusieurs journaux aujourd'hui.
_____ a-t-elle lus?

14. _____ fait tout ce bruit? La radio ou la télévision?

15. Dans _____ tiroir a-t-il laissé ses papiers?

Exercices écrits

F. Trouvez les questions qui provoquent les réponses suivantes. Les mots
   soulignés correspondent à l'objet spécifique de la question. (pp. 62-70)

   1. M. Dufort est le conservateur du musée Grévin.

      _____

   2. Le comte de Guitot est le maître du château.

      _____

   3. Maurice est le beau-frère du maître du château.

      _____

   4. On a tué le maître du château avec du poison.

      _____

   5. Elle tenait un revolver dans la main.

      _____

   6. Il était étendu sur le canapé.

      _____

   7. Elle a regardé son mari avec indifférence.

      _____

   8. Des épées, des poignards et des masques étaient accrochés au mur.

      _____

   9. La vieille dame a posé une boîte de chocolats sur la table.

      _____

  10. La bonne portait un tablier.

      _____

  11. Le beau-frère avait l'air suspect.

      _____

  12. L'inspecteur est arrivé sur les lieux du crime à dix heures.

      _____

  13. Le jardinier observait le beau-frère par la fenêtre.

      _____

  14. La bonne venait d'essayer de téléphoner à l'aéroport.

      _____

  15. Le maître faisait la cour à la bonne.

      _____

  16. Le maître portait son pantalon à carreaux.

      _____

  17. "Etre emmitouflé" veut dire être couvert de vêtements chauds.

      _____

18. Elle a mis un pull à col roulé <u>parce qu'elle avait froid</u>.

_____

19. Le maître a monté l'escalier <u>à pas feutrés</u>.

_____

20. La maîtresse était fâchée contre <u>son mari et la bonne</u>.

_____

21. <u>Des toiles d'araignées</u> recouvraient les vieilles bouteilles de vin.

_____

22. Le conservateur s'intéressait à <u>l'art oriental</u>.

_____

23. La vieille dame s'est approchée du <u>conservateur</u>.

_____

24. Le beau-frère a fouillé dans <u>le bureau</u> pour trouver de l'argent.

_____

25. La bonne a vu <u>un inconnu qui parlait au beau-frère</u> à la porte.

_____

_____

G. Traduisez les phrases suivantes en français. Le vocabulaire utilisé
   provient des expressions idiomatiques et de l'histoire en images <u>Le Château
   dans le bois</u>. (pp. 72-102)

   1. How many people were in the arms room when the inspector arrived?

   _____

   _____

   2. What time did the murder occur (take place)?

   _____

   3. Who was whispering at the other end of the hall?

   _____

   4. With whom was the maid chatting in the dining room?

   _____

   5. What was the maid hiding behind when the master went up the staircase to
      the second floor?

   _____

   _____

6. What was in the box that the master was holding?

   _____

7. Why was the old woman suspicious of the curator?

   _____

8. What was the curator interested in?

   _____

9. What did the curator deliver to the master?

   _____

10. What is a <u>toile d'araignée</u>?

    _____

11. Did the old woman add poison or medecine to the bottle of cognac?

    _____

12. Why couldn't the old woman see the gardener in the wine cellar? Because of the darkness?

    _____

13. Whom did the mistress mistrust?

    _____

14. At that time, who was smuggling in oriental art?

    _____

15. What does <u>levier</u> mean?

    _____

16. There were two clocks in the arms room. Which one was broken?

    _____

17. What novels did the old woman choose from the bookshelves?

    _____

18. How long have you been working in the château?

    _____

19. How many times did you see something strange today?

    _____

EXPRESSIONS IDIOMATIQUES

H. Complétez les phrases suivantes en utilisant une expression idiomatique choisie dans la liste ci-dessous.

il s'agit de	être fâché	le moment
s'asseoir	être tué	non plus
aussi	se fâcher	s'occuper de
l'époque	la fois	le temps
être assis	tuer	se mettre en colère

1. Entrez, Monsieur. _____, je vous prie. Non, non. Prenez cette chaise-ci. (impératif)

2. En effet, je _____ contre mon frère. Ça fait deux mois qu'il n'a pas téléphoné. (présent)

3. Si tu _____ tes affaires, tu n'aurais pas ces difficultés. (imparfait)

4. Quand Michelle a téléphoné, je ne savais pas quoi lui dire. La prochaine

   _____ je saurai lui parler.

5. Quand elle s'est moquée de lui, il _____ contre elle. (passé composé)

6. Dans une guerre ce ne sont pas les généraux qui _____; ce sont les simples soldats. (présent)

7. D'un _____ à l'autre, les étudiants oublient les verbes irréguliers.

8. A _____ où nous habitions à Londres, j'avais dix ans.

9. Tu ne veux pas aller au concert? Moi _____. Allons au cinéma.

10. Vous voulez réussir? C'est facile. D'abord _____ faire bien attention en classe. Ensuite il faut faire fidèlement ses devoirs. (présent)

11. Comment? Il est déjà minuit? Que _____ passe vite quand on s'amuse.

12. Quand le président est entré, nous _____. Mais nous nous sommes levés tout de suite et lui avons serré la main. (imparfait)

Exercices écrits

I. Utilisez les expressions idiomatiques suggérées et écrivez des phrases au
   sujet des images du Château dans le bois (pp. 83-99).

   1. être tué (image 1) _____

      _____

   2. le moment (image 2) _____

      _____

   3. se mettre en colère (image 3) _____

      _____

   4. être assis (image 5) _____

      _____

   5. s'occuper (image 8) _____

      _____

   6. s'asseoir (image 9) _____

      _____

COMPOSITION DIRIGEE: LE CHATEAU DANS LE BOIS

J. Reportez-vous aux images 1, 2 et 9 dans votre livre. Dans la scène
   suivante, vous jouez le rôle de l'inspecteur et vous interrogez la maîtresse
   du château sur les événements qu'elle a vécus et qui ont précédé le meurtre.
   Complétez le dialogue en posant les questions qui provoquent les réponses de
   la maîtresse du château. N'oubliez pas les transitions entre chaque
   réplique. I = l'inspecteur et M = la maîtresse du château.

I: _____

M: Non, je préfère rester debout, merci.

I: _____

M: Hier? Je suis restée presque toute la journée dans ma chambre à lire.

I: _____

M: Je lis Les Liaisons dangereuses de Choderlos de Laclos. Avez-vous lu ce
   livre, Monsieur l'Inspecteur?

I: _____

36

M: Rien que des romans policiers? Eh bien, oui, après tout, je comprends que cela vous passionne!

I: _____

M: Non, personne n'est venu me voir. Je suis restée seule. D'ailleurs, je hais les interruptions et j'avais donné l'ordre qu'on ne vienne pas me déranger.

I: _____

M: A ma bonne, bien sûr. Ah! Celle-là! Je vais m'en débarrasser au plus vite!

I: _____

M: Contre elle? Vous pouvez le dire! Elle est insupportable!

I: _____

M: Une seule fois, dans la salle à manger. Je l'ai surprise par hasard avec mon mari.

I: _____

M: Il était une heure vingt-cinq de l'après-midi. Ils prenaient l'apéritif ensemble. Mon mari et CETTE BONNE! C'est invraisemblable, tout de même!

I: _____

M: Oh, mon mari m'a dit qu'il faisait froid dans le château, qu'il avait demandé à la bonne de lui apporter une bouteille de vin, puis qu'il l'avait invitée à prendre un verre et à se réchauffer près de la cheminée.

I: _____

M: J'étais absolument folle de rage! La situation était inacceptable.

I: _____

M: Non, il n'a jamais traité les domestiques de cette manière. Pensez donc, Monsieur l'Inspecteur, un maître de château qui trinque avec une bonne! C'est impensable! Enfin, tout de même! Il faut garder ses distances!

I: _____

M: Lui? Oui, je l'ai vu dans la salle d'armes avant ça. Il m'avait dit ce matin, au petit déjeuner, de venir dans la salle d'armes à midi. Il devait recevoir du musée un de ces drôles d'objets d'art dont il était amateur.

I: _____

M: C'était un oiseau, d'à peu près un demi-mètre de haut, noir et bien laid.

Exercices écrits

I: _____

M: Il m'a dit que cet oiseau coûtait très cher. Moi je ne m'y connais guère en objets d'art. D'ailleurs, ça ne m'intéresse pas.

I: _____

M: Au théâtre, aux voyages, aux vêtements, ... comme tout le monde, n'est-ce pas?

I: _____

M: Je suis rentrée dans ma chambre et je me suis couchée car j'avais mal à la tête.

I: _____

M: A huit heures et demie. On devait prendre l'apéritif dans la salle d'armes avant le dîner.

I: _____

M: Non, c'est Théophile, mon beau-frère, qui l'a trouvé. Il m'a défendu d'y monter.

I: _____

M: Bouleversée par les événements?! Et même fâchée vous voulez dire. Nous étions tout prêts à partir en vacances samedi, passer deux semaines à Cassis!

Deuxième Chapitre

POSER DES QUESTIONS

Exercices oraux: Bande 1

Activité 1: Phonétique--L'intonation interrogative

<u>Explication</u>: Les questions auxquelles on peut répondre <u>oui</u> ou <u>non</u> sont caractérisées par une intonation ascendante: on fait monter le ton de la voix à la fin de la question.

    Elles sont parties. Elles sont parties?

    Est-ce qu'elles sont parties?

    Sont-elles parties?

Tous les autres types de questions sont caractérisés par une intonation descendante. Cette fois, on fait descendre la voix en mettant l'accent, comme d'habitude, sur la dernière syllabe.

    Où vas-tu?

    Quelle est ton adresse?

    Avec qui est-ce que tu déjeunes?

Maintenant, répétez les phrases que vous entendez.

C'est vrai.
C'est vrai?
Veux-tu venir?
Veux-tu venir avec nous?
Veux-tu venir avec nous ce soir?
Est-ce que tu vas sortir?
Est-ce qu'elles se moquent de nous?
Qui va venir?
Qui va venir demain?
Qu'est-ce qui s'est passé?
Qu'est-ce qui s'est passé chez vous?
Quelle heure est-il?
Où es-tu allée hier soir?

Maintenant regardez dans votre cahier de laboratoire. A chaque numéro que vous entendrez, lisez à haute voix les phrases que vous voyez, puis répétez la réponse-modèle qui suit.

    1. C'est possible?
    2. Qu'est-ce qui se passe?

Exercices oraux: Bande 1

3.   Est-ce qu'il est d'accord?
4.   A-t-elle téléphoné?
5.   Qu'est-ce qu'ils ont dit?

Activité 2:   Dialogue--L'Interrogatoire

Activité 3:   Compréhension

Vous allez entendre dix phrases à propos du dialogue. Déterminez si chaque
phrase est vraie ou fausse et marquez V ou F dans votre cahier. Vous entendrez
chaque phrase deux fois.

1. _____   3. _____   5. _____   7. _____   9. _____

2. _____   4. _____   6. _____   8. _____   10. _____

Activité 4:   Les expressions interrogatives qui est-ce que,
qu'est-ce que et qu'est-ce qui

Un de vos camarades vous annonce quelque chose. Vous désirez plus de détails à
ce sujet et vous lui posez une question spécifique. Avant de continuer vous
entendrez la confirmation.

    Modèle 1:   qui est-ce que

You hear: J'ai vu quelqu'un derrière le pilier.
You say: Ça alors! Qui est-ce que tu as vu derrière le pilier?
You hear: Qui est-ce que tu as vu derrière le pilier?

Modèle 2:   qu'est-ce que

You hear: J'ai trouvé quelque chose.
You say: Vraiment? Qu'est-ce que tu as trouvé?
You hear: Oui, au fait, qu'est-ce que tu as trouvé?

Modèle 3:   qu'est-ce qui

You hear: Il y a quelque chose qui sent bon ici.
You say: Ah, oui? Qu'est-ce qui sent bon?
You hear: Oui, qu'est-ce qui sent bon?

Activité 5: Les pronoms interrogatifs qui et quoi

Une de vos camarades vous dit quelque chose de vague. Réagissez en lui posant
une question avec qui précédé d'une préposition. Puis écoutez la confirmation.

Modèle 1

You hear: Hier j'ai parlé de nos projets.
You say: A qui est-ce que tu as parlé de nos projets?
You hear: Oui, à qui est-ce que tu as parlé de nos projets?

Modèle 2: avec quoi

You hear: Hier nous parlions.
You say: De quoi parliez-vous?
You hear: Oui, de quoi parliez-vous?

Activité 6: Les expressions interrogatives quel et qu'est-ce que c'est que

Un de vos camarades vous annonce quelque chose. Réagissez en lui posant une
question avec une forme de quel ou qu'est-ce que c'est que et les mots
suggérés dans votre cahier. Avant de continuer, écoutez la confirmation et la
réponse de votre camarade.

Modèle 1: nom

You hear: Nous allons voir ma cousine.
You say: Quel est son nom?
You hear: Quel est son nom? Eh bien, elle s'appelle Joëlle.

1. adresse
2. numéro de téléphone
3. les meilleurs
4. troisième ville
5. âge

Modèle 2: mille-pattes

You hear: Mon oncle a vu un mille-pattes.
You say: Qu'est-ce que c'est qu'un mille-pattes?
You hear: Qu'est-ce que c'est qu'un mille-pattes? C'est un insecte.

6. foire
7. tournevis
8. fourmi

Exercices oraux: Bande 1

Activité 7:   Dialogue avec questions

Vous parlez avec Christine.   Ecoutez d'abord votre première réplique et la
réponse de Christine.

—Salut, Christine. Ça fait longtemps qu'on ne t'a pas vue.

—Oui, je viens de rentrer de voyage.

Maintenant, continuez le dialogue en posant des questions à l'aide des mots
suggérés dans votre cahier. A chaque question, écoutez la confirmation, puis
la réponse de Christine.

Modèle: ah bon / toi / faire un voyage

You say: **Ah bon, tu as fait un voyage?**
You hear: Ah bon, tu as fait un voyage?
You hear: Oui, j'ai passé une semaine en Angleterre.

1. où / toi / être en Angleterre
2. avec qui / toi / faire ce voyage
3. prendre l'avion
4. sur quoi / il / reposer
5. combien de temps / falloir / pour faire la traversée
6. qu'est-ce que / toi / faire à Londres
7. pourquoi / toi / aller à Londres / pour faire des achats
8. quelle sorte de pull / toi / acheter
9. combien / toi / payer le pull
10. quand / toi / rentrer

Activité 8:   Encore des questions

Vous n'avez pas bien entendu ce qu'on vous a dit. Posez la question nécessaire
pour obtenir ce que vous n'avez pas compris; puis écoutez la confirmation.

Deuxième Chapitre

POSER DES QUESTIONS

Exercices oraux: Bande 2

Activité 1: Phonétique--La consonne <u>r</u>

<u>Explication</u>: Le <u>r</u> français est un son très courant dans la langue française. Il se prononce dans le fond de la bouche avec la pointe de la langue baissée, alors que l'<u>r</u> américain se prononce avec la langue relevée. Ecoutez la différence entre l'anglais et le français.

<u>anglais</u>	<u>français</u>
port	porte
race	race
zero	zéro

Maintenant, répétez les mots et les phrases que vous entendrez.

mer	Georges	amoureux	français
finir	morte	numéro	rouge
soir	parfait	vrai	robe
jour	mari	très	rêve
porte	sera	drôle	rive
charme	Paris	prix	rue

Je lui ai promis un gros pourboire.
Le garçon va se mettre en colère.
Elle voudrait dire la vérité.

Maintenant, regardez dans votre cahier. A chaque numéro que vous entendrez, dites le mot ou la phrase correspondant.

1. vert
2. tarte
3. arrive
4. trop
5. rose
6. Le beau-frère a remarqué la maîtresse qui parlait avec le jardinier.

Activité 2: Histoire en images--Le Château dans le bois

Reportez-vous à l'image 5 dans votre livre. Vous allez jouer le rôle du gendarme qui a accompagné le conservateur au château pour assurer la sécurité de la caisse. Répondez aux questions de l'inspecteur en utilisant les mots suggérés dans votre cahier. Puis, écoutez la confirmation.

Exercices oraux: Bande 2

    Modèle: 8 h 30

You hear: Alors, à quelle heure vous et le conservateur du musée êtes-vous
           arrivés au château?
You say: **Nous sommes arrivés à huit heures et demie.**
You hear: Ah, vous êtes arrivés à huit heures et demie.

    1. devoir assurer la sécurité de la caisse
    2. la caisse / être bien fermée
    3. un quart d'heure
    4. non / y avoir une vieille dame
    5. la salle de séjour
    6. faire semblant de lire un livre
    7. rien

Activité 3: L'inspecteur interroge la bonne

Reportez-vous à l'image 2 du Château dans le bois. Vous allez jouez le rôle de
l'inspecteur. Interrogez la bonne à l'aide des renseignements que vous
entendrez.

    Modèle: où

You hear: L'inspecteur veut savoir où était la bonne vers deux heures et
           demie.
You say: **Où étiez-vous vers deux heures et demie?**
You hear: Où étiez-vous vers deux heures et demie?

1. qu'est-ce que   3. avez-vous vu   5. qu'est-ce que   7. pourquoi
2. à qui   4. est-ce que   6. qui

Activité 4: L'inspecteur interroge la vieille dame

Maintenant, vous posez des questions à la vieille dame. A chaque numéro que
vous entendrez, écoutez d'abord le sujet de la question à poser. Puis, posez
la question en utilisant l'expression interrogative suggérée dans votre cahier.

    Modèle: qui est-ce que

You hear: L'identité de la personne que la vieille dame a vue dans la
           bibliothèque
You say: **Qui est-ce que vous avez vu dans la bibliothèque?**
You hear: Qui est-ce que vous avez vu dans la bibliothèque

1. qu'est-ce que   3. pourquoi   5. quel   7. qu'est-ce que
2. quelle   4. qu'est-ce que   6. de quoi

Activité 5:   L'inspecteur interroge le jardinier

Reportez-vous à l'image 11 du <u>Château dans le bois</u>. Cette fois, vous posez des questions au jardinier. Ecoutez d'abord la déclaration du jardinier, puis posez-lui une question spécifique en utilisant les mots suggérés dans votre cahier.

   Modèle: où / être / le maître

You hear: Je n'étais pas dans le jardin quand j'ai vu le maître.
You say: **Où était le maître?**
You hear: Où était le maître?

   1.   combien de personnes / y avoir / avec le maître
   2.   qu'est-ce que / ils / sortir / de la caisse
   3.   quel / être / leur attitude
   4.   qui / s'intéresser particulièrement / à la statuette
   5.   pourquoi / vous / dire / cela
   6.   de qui / elle / être jalouse

Activité 6:   Exercice de compréhension--La réalité dans le roman

Vous allez entendre une série de courts paragraphes, chacun suivi de questions à réponses multiples. Dans votre cahier, entourez d'un cercle la lettre correspondant à la réponse correcte. Après chaque groupe de questions, vous voudrez peut-être écouter une deuxième fois le paragraphe pour vérifier vos réponses.

Premier paragraphe

   1.   a.   b.   c.

   2.   a.   b.   c.

Deuxième paragraphe

   1.   a.   b.   c.

   2.   a.   b.   c.

Troisième paragraphe

   1.   a.   b.   c.

   2.   a.   b.   c.

   3.   a.   b.   c.

Name _____ Date _____ Troisième Chapitre

Troisième Chapitre

DÉSIGNER ET DÉCRIRE

Exercices écrits

STRUCTURES GRAMMATICALES

A. Complétez les phrases suivantes en utilisant l'<u>article défini</u> et indiquez si on emploie l'article dans un sens général ou spécifique. S = specifique, G = général. Faites les contractions avec <u>à</u> ou <u>de</u> si c'est nécessaire. (p.106)

1. Jeannette a réussi (<u>à</u>) _____ examen d'histoire.   _____

2. _____ vie est comme ça.   _____

3. Il s'est chargé (<u>de</u>) _____ valises que vous lui aviez données.   _____

4. Ils se sont mis en colère contre _____ propriétaire de leur immeuble.   _____

5. Ma mère m'a dit encore une fois que _____ patience était une vertu.   _____

6. _____ chiens haïssent souvent les chats.   _____

7. Gaspar n'a pas tué _____ insecte qui l'attaquait.   _____

8. Etait-elle amoureuse (<u>de</u>) _____ voisin d'en face?   _____

9. Elles se sont assises dans _____ fauteuils Louis XIV.   _____

10. Il prendra soin (<u>de</u>) _____ chiens de Mme Legrand.   _____

11. Elle s'intéresse beaucoup (<u>à</u>) _____ langues.   _____

12. Elle aime beaucoup _____ haricots verts, mais elle déteste   _____

    _____ petits pois.   _____

B. Complétez les phrases suivantes en utilisant <u>l'article indéfini</u> ou <u>le partitif</u>. Mettez un <u>X</u> dans les cas ou la phrase ne nécessite aucun article. (p. 107)

1. Pour le petit déjeuner, Gaspar a pris _____ beurre, _____ confiture,

    _____ tasse de café et _____ croissants.

© 1984 Houghton Mifflin Company

Exercices écrits

2. Il a fouillé dans le bureau pour trouver _____ lettres et _____ document.

3. Il veut écrire _____ billet doux à sa fiancée.

4. Sa fiancée lui a acheté _____ cravate à rayures et _____ chaussettes.

5. Oui, l'année dernière, le beau-frère a contracté _____ dettes.

6. Elle a jeté _____ feuilles de papier en l'air.

7. Il a sorti _____ râteau, _____ pelle et _____ fourche de la cabane à outils.

8. Elle a laissé la hache dans _____ souche.

9. Georges veut devenir _____ infirmier, mais je crois qu'il va rester _____ garagiste.

10. Ce n'est pas _____ râteau, c'est _____ fourche à foin.

11. D'abord il fera _____ jardinage et puis il cherchera _____ bois à brûler.

12. Il l'a regardée avec _____ indifférence.

13. Non, il n'a pas _____ carnet, il a _____ cahier.

14. Il n'a pas vu _____ oiseaux sur le toit.

15. On m'a dit que votre mari était _____ très bon médecin.

C. Écrivez l'article défini correspondant à chacun des cas suivants. Mettez un X au cas où l'article est omis. (Appendice p. 425)

Où se trouve(nt)...

1. _____ Russie?

2. _____ Brésil?

3. _____ Afrique?

4. _____ Suisse?

5. _____ Japon?

6. _____ Massachusetts?

7. _____ Paris?

8. _____ Bretagne?

9. _____ Mexique?

10. _____ Loire?

11. _____ Berlin?

12. _____ Chine?

13. _____ Californie?

14. _____ Espagne?

15. _____ Rhône?

16. _____ montagnes Rocheuses?

17. _____ Suède?

18. _____ Etats-Unis?

19. _____ Danemark?

20. _____ Belgique?

D. Ecrivez la ou les particules (<u>préposition</u> ou <u>préposition + article défini</u>)
qui conviennent pour chacun des cas suivants. (Appendice p. 425)

Nous allons faire un voyage...

1. _____ France.
2. _____ Canada.
3. _____ Madrid.
4. _____ Italie.
5. _____ Amérique du Sud.
6. _____ Japon.
7. _____ Floride.

8. _____ Etats-Unis.
9. _____ Paris.
10. _____ Angleterre.
11. _____ Suède.
12. _____ (Le) Havre.
13. _____ Alsace.
14. _____ Maroc.

15. _____ Afrique.
16. _____ Midi.
17. _____ Portugal.
18. _____ Allemagne.
19. _____ Strasbourg.
20. _____ Chine.

E. Ecrivez la ou les particules (<u>préposition</u> ou <u>préposition + article défini</u>)
qui conviennent pour chacun des cas suivants. (Appendice p. 426)

Ces produits viennent...

1. _____ France.
2. _____ Mexique.
3. _____ Paris.
4. _____ Chine.
5. _____ Provence.

6. _____ Israël.
7. _____ Cambodge.
8. _____ Minnesota.
9. _____ Afrique du Nord.
10. _____ Italie.

11. _____ Belgique.
12. _____ Lyon.
13. _____ Etats-Unis.
14. _____ Suisse.
15. _____ Cuba.

F. Complétez les phrases suivantes. Mettez une croix (<u>X</u>) si l'article est omis.

1. Elles s'intéressent (à) _____ architecture et (à) _____ sciences
   naturelles.

2. Il y a _____ enveloppes sur _____ table près (de) _____ fenêtre.

3. Suis-tu _____ cours _____ français? — Non, j'étudie _____ japonais.

4. _____ été, il fait chaud; _____ printemps, il pleut.

5. J'aime _____ vacances!

6. Il se lave _____ cheveux deux fois _____ semaine.

Exercices écrits

7. Apportez-moi _____ poisson, _____ salade et _____ eau minérale.

8. La plupart _____ gens aiment _____ solitude.

9. Il ne veut plus _____ vin.

10. J'espère devenir _____ pilote; ma sœur veut être _____ écrivain.

11. Je travaille sans _____ repos.

12. Vous avez _____ jolies serviettes. — Oui, elles m'ont coûté _____ cent francs.

13. Donnez-moi un peu _____ rosbif et un verre _____ vin.

14. Depuis combien _____ temps travaille-t-il comme _____ instituteur?

15. Avez-vous _____ tomates fraîches? — Oui, mais elles coûtent six francs _____ kilo.

16. Sont-ils _____ frères?

17. Quelle _____ jolie maison!

18. Je vais prendre _____ viande car je n'aime pas _____ poisson.

19. Le chien a enterré pas mal _____ os dans le jardin.

20. Il a déposé _____ boîte de chocolats sur _____ table _____ chevet dans sa chambre.

21. _____ vendredi, il va toujours (à) _____ musée.

22. Il a admiré _____ belles armures au musée.

23. Il a mis _____ pull à col roulé et _____ veston avant de sortir.

24. L'inspecteur n'a trouvé ni _____ revolver ni _____ couteau qu'il cherchait dans la cave.

25. Molière, dramaturge célèbre (de) _____ 17e siècle, a écrit Le Misanthrope.

G. Complétez les phrases suivantes en utilisant des adjectifs démonstratifs. (p. 111)

1. Maurice aime bavarder avec _____ dame.

2. _____ bougies _____ (there) sont éteintes, mais _____ chandelles _____ (here) sont allumées.

50

3. _____ lustre qui vient d'Allemagne coûte bien cher.

4. Il a acheté _____ porte-cigarette en Belgique.

5. _____ pendule n'indique jamais l'heure exacte.

H. Complétez les phrases suivantes en utilisant les <u>adjectifs possessifs</u> indiquant le sujet comme possesseur. (p. 112)

1. J'aime _____ maison, mais ils préfèrent _____ appartement.

2. Nous nous occupons de _____ jardin.

3. Où est-ce que tu as trouvé _____ cravates?

4. Il ne se souvient pas de _____ grands-parents.

5. Elles ont ouvert _____ cadeaux.

6. J'ai mis _____ jupe dans _____ armoire.

7. Elle semble satisfaite de _____ responsabilités.

8. Vous ne portez jamais _____ lunettes!

9. As-tu trouvé _____ épingles à cheveux?

10. Je veux verrouiller _____ porte.

11. Elle n'a jamais fait la connaissance ni de _____ cousins ni de _____ cousines.

12. M. et Mme Chevrolet ont vendu _____ Ford.

I. Écrivez les noms suivants suivis ou précédés de l'adjectif à la forme qui convient selon le cas. (pp. 118-123)

1. une veste (gris) _____

2. une valise (léger) _____

3. des lunettes (noir) _____

4. l'entrée (large) _____

5. une table (bas) _____

6. des meubles (beau) _____

Exercices écrits

    7. un homme (beau) _____

    8. une chanson (favori) _____

    9. une serviette (sec) _____

  10. une famille (heureux) _____

  11. une commode (vieux) _____

  12. une robe (bleu) _____

  13. des couleurs (vif) _____

  14. une distance (long) _____

  15. des épaules (carré) _____

J. Accordez les adjectifs donnés entre parenthèses aux noms suivants. (p. 121)

  Modèle: une robe (joli, bleu)
          une jolie robe bleue

    1. une baïonnette (long, aigu) _____

    2. une jupe (jaune, de coton) _____

    3. un casse-pied (petit, ennuyeux) _____

    4. une chanson (beau, français, sentimental) _____

    5. des amis (loyal, ancien) _____

    6. un mur (lisse, épais) _____

    7. un béret (basque, rond, noir) _____

    8. une conférence (bref, intéressant) _____

    9. une dame (prétentieux, désagréable) _____

  10. un nez (camus, brisé) _____

  11. des joues (rond, pendant) _____

  12. de l'eau (minéral, frais, doux) _____

  13. des médailles (ancien, italien) _____

  14. des ballons (sphérique, bleu foncé) _____

K. Écrivez les adverbes correspondant aux adjectifs suivants. (Appendice
   p. 422)

   1. certain   _____

   2. rapide   _____

   3. violent   _____

   4. actif   _____

   5. froid   _____

   6. malheureux   _____

   7. entier   _____

   8. constant   _____

   9. doux   _____

   10. fréquent   _____

   11. facile   _____

   12. sérieux   _____

   13. absolu   _____

   14. officiel   _____

   15. profond   _____

L. Complétez les phrases suivantes avec les adverbes donnés entre parenthèses.
   Faites attention à la place de l'adverbe: il y a parfois plus d'une
   possibilité. (Appendice p. 423)

   1. (vraiment) Elle parle très bien.

   _____

   2. (complètement) Ils ont échoué à l'examen.

   _____

   3. (hier) Je suis allé au théâtre.

   _____

   4. (attentivement) Les étudiants ont écouté le professeur.

   _____

   5. (déjà) Tu as envoyé ton article au journal?

   _____

Exercices écrits

6. (gravement) Il a été blessé.

_____

7. (demain soir) Je serai à Paris.

_____

8. (souvent) Nous sommes allés en Europe.

_____

9. (bien) Elles n'ont pas fait leur travail.

_____

M. Faites les comparaisons indiquées en utilisant les mots entre parenthèses;
   faites les changements nécessaires. (Appendice p. 423)

   Modèle: (travailler, bien) Comparez Robert à Marie.
            <u>Robert travaille moins bien que Marie.</u>

Nom de l'étudiant	Note
Marie	A
Robert	B–
Sophie	B–
Jean-Luc	D

1. (intelligent) Comparez Marie à Jean-Luc.

_____

2. (studieux) Comparez Jean-Luc à Robert.

_____

3. (l'étudiant, sérieux) Comparez Marie à la classe.

_____

4. (l'étudiant, sérieux) Comparez Jean-Luc à la classe.

_____

5. (bon) Comparez Sophie à Jean-Luc.

_____

6. (bon) Comparez Robert à Marie.

_____

7. (bon) Comparez Robert à Sophie.

_____

8. (l'étudiant, bon) Comparez Marie à la classe.

_____

9. (l'étudiant, mauvais) Comparez Jean-Luc à toute la classe.

_____

10. (étudier, consciencieusement) Comparez Sophie à Robert.

_____

11. (étudier, diligemment) Comparez Marie à la classe.

_____

12. (travailler, bien) Comparez Marie à toute la classe.

_____

N. Complétez les phrases suivantes en faisant les comparaisons indiquées (+ supériorité, – inferiorité, = égalité). S'il y a un mot entre parenthèses, utilisez-le dans votre réponse. (Appendice p. 423)

   Modèle: Marc est intelligent, mais Annie (+)
            <u>...mais Annie est plus intelligente que lui.</u>

1. Georges est riche, mais Francine (+)

_____

2. Ils sont heureux, mais nous (+)

_____

3. Je mange rapidement, mais mon frère (+)

_____

4. Les tomates sont fraîches, mais la laitue (+)

_____

5. Hélène est nerveuse; Michel (–)

_____

6. Jacques parle correctement; son frère (–)

_____

7. Alain est très fort et Jean-Pierre (=)

_____

8. Les hommes travaillent bien et les femmes (=)

_____

9. Marielle est jolie, mais Nathalie (+) (jeune fille)

_____ de la classe.

10. Vous avez de belles fleurs, mais M. Gordin a (+)

_____ de nous tous.

Exercices écrits

11. Sylvie parle bien le français, mais Hélène (+)

_____ de tous les étudiants.

12. Ta moustache est jolie, mais Henri a (+)

_____ de tous ses camarades.

O. Employez un adjectif possessif ou un article défini ou indéfini selon le cas. (pp. 112-116)

1. Est-ce que tu te brosses toujours _____ dents après le déjeuner?

2. Oh, regardez ce pauvre homme, il a visiblement mal (à) _____ pieds.

3. Avant de faire de la pâtisserie, les chefs ont regardé _____ mains.

4. N'aie pas peur, le médecin veut seulement t'examiner _____ oreilles.

5. Il pénétrait dans le bois, _____ capuchon lui cachant _____ visage.

6. Ce type, que nous avons vu au musée, avait _____ grand nez,

_____ petits yeux et _____ estomac fort prononcé.

7. Les soeurs de Marie ont laissé _____ parasols sur la table de jardin.

8. Mais non, Maurice conduisait _____ autre voiture à St. Tropez.

9. Il m'a regardé fixement dans _____ yeux, il a haussé _____

épaules et puis il a mis _____ mains dans _____ poches.

10. Elles mettaient du noir sur _____ beaux yeux bleus.

11. Tous les garçons ont levé _____ main droite.

12. Il s'est essuyé _____ corps avec une grande serviette de bain rose.

P. Traduisez les phrases suivantes en français.

1. That sculptor made a large conical sculpture last year.

_____

2. She lowered her eyes because she mistrusted that man.

_____

3. He's a very good artist; however, he's not the best in the world.

_____

4. His wife cut his ear while cutting his hair.

_____

5. Take (tu) off your shoes and place your feet near the fireplace if you want to warm them.

_____

6. She always has cold hands, even if she wears wool gloves.

_____

7. He undressed, then he put on his pyjamas and his slippers.

_____

8. She didn't want to take off her hat because the sun hurt her eyes.

_____

9. The living room is wider than the library, but the living room is narrower than the dining room.

_____

_____

EXPRESSIONS IDIOMATIQUES

Q. Complétez les phrases suivantes avec une expression idiomatique choisie de la liste ci-dessous.

se moquer de	avoir l'air (de)	sortir
passer ... à	faire mal à	ressembler à
avoir mal à	tuer	avoir besoin de
s'en aller		

1. S'ils _____ sans me dire au revoir, je ne leur parlerai jamais plus. (présent)

2. André ne mange jamais assez. La dernière fois que je l'ai vu il

_____ maigre. (imparfait)

3. Elle est restée debout toute la journée. Maintenant elle _____

_____ jambes. (présent)

Exercices écrits

4. _____ qui est-ce que tu _____? A ta mère ou à ton père? (<u>présent</u>)

5. Tout ce bruit nous _____ oreilles. (<u>passé composé</u>)

6. D'accord, il _____ un ours, mais qu'est-ce qu'il va faire de cet animal? (<u>passé composé</u>)

7. Chaque fois que vous _____ lui, il commençait à pleurer. (<u>imparfait</u>)

8. Maurice _____ déjà _____ deux heures _____ sa table de travail. (<u>passé composé</u>)

9. _____ quoi est-ce que ces hommes _____ pour aller pêcher? (<u>présent</u>)

10. Elles _____ avec Paul et Gaspar la semaine prochaine. (<u>futur</u>)

   avoir l'air (de)   rendre   personne
   revenir   gens   arriver à
   retourner   peuple   prendre soin de
   rentrer

11. Jacques? Il _____ au restaurant car il a oublié son manteau. (<u>passé composé</u>)

12. Il y a toujours beaucoup de _____ au bal du 14 juillet.

13. Non, je ne voudrais pas _____ animaux dans un parc zoologique; c'est trop fatigant. (<u>infinitif</u>)

14. _____-moi mes livres, s'il te plaît. J'en ai besoin pour travailler. (<u>impératif</u>)

15. Il y a combien de _____ africains?

16. Yvonne _____ avoir le cafard, qu'est-ce qui lui

   _____? (<u>présent</u>)

17. Une _____ était debout derrière les rideaux.

18. Vos cousins sont allés en Finlande le mois dernier? Quand est-ce qu'ils

   _____? (<u>futur</u>)

19. Pierre et sa femme _____ de bonne heure pour passer une bonne nuit. (<u>passé composé</u>)

COMPOSITION DIRIGEE: HISTOIRE EN IMAGES

R. Monsieur Bellœil, père de famille, est revenu du musée. Il s'installe à
la brasserie tout près de chez lui où il bavarde avec des copains et leur
raconte ses impressions sur le monde des artistes. Surtout il parle d'une
rencontre avec un peintre du dimanche qui peignait une croix noire et avec qui
M. Bellœil s'est disputé. Il va sans dire que M. Bellœil se considère
comme un homme intelligent et cultivé. Jouez le rôle de M. Bellœil et
racontez l'anecdote en utilisant <<je>>. Regardez la liste de suggestions
et le vocabulaire ci-dessous. Prenez une feuille de papier pour écrire
votre essai.

Suggestions:
  Quelle opinion M. Bellœil a-t-il de lui-même comme connaisseur de l'art?
  Qu'est-ce qu'il pense de ce peintre du dimanche?
  Comment est-ce qu'il se compare au peintre?
  Comment décrit-il ce peintre à ses amis?
  Que pense M. Bellœil de la peinture?
  Est-ce que le peintre a accepté les conseils de M. Bellœil?
  Comment est-ce que la dispute a commencé?
  Comment est-ce que chaque homme a réagi?
  Que faisait Mme Bellœil pendant ce temps-là?
  Comment est-ce que la dispute s'est terminée?
  Quelles sont les opinions de M. Bellœil sur l'art moderne? Sur lui-
    même? Sur le musée? Sur les peintres?

Expressions idiomatiques

se moquer de   ressembler à
faire mal à   avoir besoin de
passer (du temps à)   avoir l'air (de)

Exercices écrits

M. Bellœil lui-même

bonasse (easygoing)
de bon goût (with good taste)
déçu (disappointed)
dynamique
éberluê (flabbergasted)
gaillard (merry, hearty fellow)
méticuleux

poli (polite)
raisonnable
réaliste
sans parti pris (open-minded)
urbain (city-dweller)

Le peintre

fainéant (do-nothing, lazy)
fier (proud)
grognon (grouchy)
impoli (impolite)

maladroit (awkward)
sale (dirty)
querelleur (quarrelsome)
rustre (country bumpkin)
têtu (stubborn)

Le tableau du peintre

sans intérêt
exécrable (horrible)
grotesque, ridicule
inanimé (lifeless)
fade (dull, colorless)

sans valeur (worthless)
moche (ugly)
statique

Troisième Chapitre

DÉSIGNER ET DÉCRIRE

Exercices oraux: Bande 1

Activité 1: Phonétique--Les voyelles /a/, /e/ et /i/

<u>Explication</u>: Les voyelles anglaises tendent à la diphtongaison--c'est-à-dire qu'elles sont instables, qu'on glisse, à l'intérieur de la syllabe, d'une voyelle à une autre. Ecoutez ces mots anglais: <u>sack</u>, <u>say</u>, <u>see</u>.
    Le français, par contre, est caractérisé par la <u>tension vocalique</u>--c'est-à-dire, qu'on produit un seul son, que les voyelles restent stables. Ecoutez l'opposition entre les mots anglais et les mots français:

<u>anglais</u>	<u>français</u>
sack	sac
say	ces
see	si

Maintenant, répétez les mots et les phrases qui suivent.

la	les	oui
va	vais	rit
moi	chez	qui
femme	été	il finit
choix	à pied	difficile
madame		

Jacques a mal au bras.
Préférez-vous les bébés ou les fées?
Il a fini sa vie en imitant Lili.

Maintenant, regardez dans votre cahier. A chaque numéro que vous entendrez, dites le mot ou la phrase correspondant.

1. la plage
2. l'épée
3. illisible
4. Voilà des mille-pattes.
5. Les maris ont de vraies qualités.
6. Qu'est-ce qui s'est passé?

Activité 2: Dialogue--Le Marché aux maris

Exercices oraux: Bande 1

Activité 3: Compréhension

Vous allez entendre dix phrases à propos du dialogue. Déterminez si chaque
phrase est vraie ou fausse et marquez <u>V</u> ou <u>F</u> dans votre cahier. Vous entendrez
chaque phrase deux fois.

1. _____   3. _____   5. _____   7. _____   9. _____

2. _____   4. _____   6. _____   8. _____   10. _____

Activité 4: Au marché

Vous êtes au marché et vous parlez avec le marchand ou la marchande. Complétez
votre conversation à l'aide des mots suggérés dans votre cahier.

    Modèle: 1 kilo / pommes
          poires
        -ci

You hear: Nous sommes au marché aux fruits.
          Qu'est-ce que vous désirez?
You say: **Donnez-moi un kilo de pommes.**
You hear: Un kilo de pommes? Voilà. Et avec ça?
You say: **Il n'y a pas de poires?**
You hear: Comment, Il n'y a pas de poires! Mais si. Regardez toutes les belles
          poires.
You say: **Combien coûtent ces poires-ci?**
You hear: Ces poires-ci? Elles coûtent 12 francs le kilo.

1. 2 kilos/	2. un demi-kilo/	3. un morceau/	4. une douzaine/
bananes	carottes	roquefort	roses
oranges	salade	camembert	tulipes
-ci	-ci	-ci	-ci

Activité 5: Dans son sac

Plusieurs de vos camarades veulent chacun vérifier à qui appartiennent certains
objets. Répondez à leurs questions à l'aide des mots suggérés dans votre cahier.

    Modèle: elle
         non
        perdre

You hear: C'est votre sac?
You say: **Non, c'est son sac.**
You hear: C'est son sac. Est-ce qu'il y a des clés dans son sac?
You say: **Non, il n'y a pas de clés.**
You hear: Il n'y a pas de clés? Pourquoi pas?
You say: **Parce qu'elle a perdu ses clés hier soir.**
You hear: Ah, c'est elle qui a perdu ses clés hier soir.

1. elle
   non
   perdre

2. il
   non
   vendre

3. ils
   non
   vendre

4. oui
   non
   laisser à l'hôtel

Activité 6: Vous avez raison

Vous entendrez une série de déclarations fausses. Corrigez chaque phrase en utilisant un adjectif de sens contraire.

You hear: Cette épée est courte.
You say: **Mais non, elle est longue.**
You hear: C'est vous qui avez raison. Elle est longue.

Activité 7: Et voilà

Vous parlez avec plusieurs amis à qui vous voulez faire remarquer certaines personnes ou certaines choses. Continuez votre conversation à l'aide des mots suggérés dans votre cahier.

   Modèle: La voiture / bleu / petit / acheter

You say: **Voilà ma voiture.**
You hear: Laquelle?
You say: **La voiture bleue.**
You hear: La voiture bleue? Mais il y a deux voitures bleues.
You say: **La petite voiture bleue.**
You hear: La petite voiture bleue, c'est ta voiture?
You say: **Oui, c'est la voiture que j'ai achetée à mes parents.**
You hear: Ah, c'est la voiture que tu as achetée à tes parents.

1. la montre / suisse / autre / trouver
2. le tableau / grand / impressionniste / admirer
3. les jeans / nouveau / français / acheter
4. la tante (la dame) / petit / joli / oncle, épouser en secondes noces
5. les pommes / vert / gros / goûter chez Henri
6. l'ami (le garçon) / jeune / maigre / connaître à l'école

Name _____ Date _____ Troisième Chapitre

Troisième Chapitre

DÉSIGNER ET DÉCRIRE

Exercices oraux: Bande 2

Activité 1: Phonétique--Les voyelles /e/, /ɛ/ et /ə/

Explication: Les voyelles /e/, /ɛ/ et /ə/ sont toutes associées à la lettre e. La voyelle /e/, qui se prononce avec les lèvres écartées et tendues, est représentée généralement par les graphies é, ed, er (où le r ne se prononce pas), ez, es.

    café   chez
    pied   les
    chanter

La voyelle /ɛ/, qui se prononce avec les lèvres plus ouvertes et moins tendues, est représentée généralement.par les graphies è. ê, ai, ei, e + consonne finale prononcée, e + deux consonnes prononcées, et (exception--le mot et):

    scène   chef
    rêve   espagnol
    semaine   billet
    neige

Dans d'autres cas, la lettre e se prononce comme /ə/, c'est-à-dire avec les lèvres arrondies et projetées un peu en avant:

    le
    repas

Maintenant, répétez les mots et les phrases que vous entendez.

thé	père	me
année	très	se
études	être	repos
séparer	caisse	appartement
à pied	français	vendredi
panier	seize	ferons
écoutez	mer	
télégramme	personne	

En général, les fraises ne sont pas chères en été.
Ce paquet est très léger.

Exercices oraux: Bande 2

Maintenant, regardez dans votre cahier. Vous allez entendre des mots contenant
le son /e/, / ɛ / ou /ə /. A chaque mot, entourez d'un cercle le son que vous
entendez.

You hear: verre
You circle: /e/   (/ ɛ /)   /ə /

1. /e/   / ɛ /   /ə /   6. /e/   / ɛ /   /ə /

2. /e/   / ɛ /   /ə /   7. /e/   / ɛ /   /ə /

3. /e/   / ɛ /   /ə /   8. /e/   / ɛ /   /ə /

4. /e/   / ɛ /   /ə /   9. /e/   / ɛ /   /ə /

5. /e/   / ɛ /   /ə /   10. /e/   / ɛ /   /ə /

Regardez dans votre cahier. Maintenant, à chaque numéro que vous entendrez,
lisez le mot que vous voyez, puis répétez la réponse-modèle.

1. ne   3. naître   5. journée   7. arrêter
2. nez   4. chapelle   6. justement   8. repousser

Activité 2: Histoire en images--Les Amateurs d'art

Hervé, le gardien du musée est en communication directe avec le directeur pendant
qu'il fait sa tournée d'inspection. Jouez le rôle d'Hervé en répondant aux
questions du directeur à l'aide des mots suggérés dans votre cahier. Reportez-
vous d'abord à l'image 2. Vous êtes dans le hall du musée.

    Modèle: le hall du musée

You hear: Hervé, où êtes-vous maintenant?
You say: Je suis dans le hall du musée.
You hear: Ah, vous êtes dans le hall du musée.

1. homme / femme / enfant   5. avoir envie de
2. devant   6. déjà
3. se maquiller   7. être irrité contre
4. tirer par la manche

Activité 3: Dans la salle des romantiques

Reportez-vous maintenant à l'image 3. Vous êtes dans la salle des romantiques.
Répondez aux questions à l'aide des mots suggérés dans votre cahier.

1. venir d'attraper   3. courir pour défendre
2. dessiner sur le mur   4. regarder par-dessus

5. copier / tableau de Delacroix   7. se gratter la tête
6. femme / fusil / main gauche   8. peindre une croix

Activité 4: Dans la salle des classiques

Reportez-vous à l'image 4. Vous suivez la famille dans la salle des classiques.
Toujours dans le rôle d'Hervé, répondez aux questions du directeur du musée.

1. devant / portrait   5. faire l'idiot en posant comme
2. ne pas regarder   6. être juché sur
3. la mère / prendre une photo   7. se moquer de
4. avoir l'air grotesque   8. être chauve

Activité 5: Dans la salle des surréalistes

Reportez-vous à l'image 6. Le directeur du musée continue à vous poser des
questions. Répondez-lui à l'aide des mots suggérés dans votre cahier.

1. surréalistes   5. grand / sur / petit
2. jouer avec   6. debout, mais son mari
3. faire tourner   7. se frotter
4. contempler / tableau de Magritte 8. enlever

Activité 6: Exercice de compréhension

Vous allez entendre la lecture d'une petite scène dramatique, intitulée Le
Troisième Age. Ensuite, on vous posera des questions sur ce qui se passe dans
cette scène. Le troisième âge veut dire "golden age, retirement years." Les
peintres mentionnés au cours de la scène sont: Mondrian, Chagall, Miró et
Dubuffet.

Maintenant, les questions. Vous allez entendre une série de questions à propos de
la scène que vous venez d'écouter. Chaque question est suivie de trois réponses
possibles. Répondez à la question en entourant d'un cercle la lettre qui
correspond à la meilleure réponse. Quand vous aurez terminé, vérifiez vos
réponses en écoutant la scène une seconde fois.

1. a b c   4. a b c

2. a b c   5. a b c

3. a b c   6. a b c

Quatrième Chapitre

LE TEMPS

Exercices écrits

STRUCTURES GRAMMATICALES

A. Mettez les verbes suivants au temps et à la forme indiqués. (Appendice)

		Présent		Passé composé
1. dire	vous	_____	tu	_____
2. craindre	ils	_____	nous	_____
3. apercevoir	elle	_____	ils	_____
4. réussir	vous	_____	elle	_____
5. répondre	il	_____	vous	_____
6. vivre	ils	_____	nous	_____
7. boire	elles	_____	ils	_____
8. paraître	il	_____	elle	_____
9. arriver	on	_____	ils	_____
10. partir	tu	_____	nous	_____
11. s'en souvenir	je	_____	elle	_____
12. se rappeler	ils	_____	vous	_____
13. s'ennuyer	elle	_____	nous	_____

B. Mettez les verbes suivants au temps et à la forme indiqués. (Appendice)

		Imparfait		Futur
1. avoir	il	_____	nous	_____
2. envoyer	vous	_____	elle	_____

© 1984 Houghton Mifflin Company

Exercices écrits

		Imparfait	Futur
3. pendre	on _____	il _____
4. peindre	tu _____	tu _____
5. tenir	nous _____	je _____
6. manger	il _____	nous _____
7. s'en aller	tu _____	elle _____
8. rire	vous _____	vous _____
9. se battre	ils _____	nous _____
10. devoir	on _____	je _____
11. s'enfuir	elles _____	tu _____
12. accueillir	j' _____	il _____
13. falloir	il _____	il _____
14. mourir	elles _____	ils _____
15. s'asseoir	tu _____	nous _____

C. Complétez les phrases suivantes en mettant les verbes donnés au temps qui convient. (pp. 165-166)

1. Il y a vingt ans que la famille (ne pas entrer) _____ dans un musée.

2. Voilà dix ans qu'il (être) _____ peintre.

3. J'(voir) _____ ce tableau de Delacroix il y a deux mois.

4. Cela fait une heure et demie que les pigeons (manger) _____ _____ des miettes.

5. Vous (venir) _____ vous asseoir sur ce banc chaque jour depuis un an. Pourquoi?

6. Voici treize semaines que l'employé (vendre) _____ des billets au guichet sans s'ennuyer.

7. Il y a dix jours que le gardien du musée (ne pas avoir) _____ _____ d'ennuis.

8. Ils (faire) _____ les idiots tous les jours en classe depuis le commencement du trimestre.

9. M. Bellœil (avoir) _____ mal aux pieds depuis qu'il est arrivé au musée.

10. L'armée révolutionnaire (vaincre) _____ les soldats du roi il y a deux cent cinquante ans.

D. Traduisez les phrases suivantes en français en utilisant les mots indiqués, s'il y en a. (pp. 165–167)

1. They have been taking pictures of classical paintings for thirty years.

   Voilà _____ qu' _____

   _____

2. Rigaud painted that portrait of Louis XIV about three hundred and twenty years ago.

   _____

   _____

3. She has been teasing us since two o'clock in the afternoon.

   _____

   _____

4. The painter has been interested in landscapes for twenty-one years.

   Cela fait _____ que _____

5. She has been juxtaposing disparate objects in her paintings since (depuis que) she began to paint.

   _____

   _____

6. They have been living with their grandmother for three years now.

   Il y a _____ qu' _____

7. How long has she been working in the pharmacy?

   _____

Exercices écrits

8. Since when has the king been wearing a wig?

    _____

E. Mettez les verbes suivants au temps et à la forme indiqués. (Appendice)

		Futur antérieur		Plus-que-parfait
1. entrer	elle	_____	elle	_____
2. réussir	nous	_____	ils	_____
3. se défendre	ils	_____	on	_____
4. comprendre	tu	_____	il	_____
5. connaître	on	_____	elle	_____
6. être	nous	_____	elles	_____
7. pouvoir	il	_____	on	_____
8. partir	nous	_____	elles	_____
9. devenir	elle	_____	elle	_____
10. lire	nous	_____	elle	_____
11. devoir	vous	_____	ils	_____
12. créer	on	_____	on	_____
13. paraître	ils	_____	il	_____
14. faire	tu	_____	ils	_____
15. écrire	j'	_____	elle	_____

F. Mettez les verbes entre parenthèses au plus-que-parfait , imparfait ou au passé composé selon le contexte. (pp. 171-173)

1. Non, ce n'est pas la première fois qu'elle est venue à Paris. Elle y

   (venir) _____ plusieurs fois auparavant.

2. Dès que nous (jeter) _____ un regard désapprobateur
   sur lui, il est parti.

3. Tout de suite après qu'il (charger) _____ le car, ils y sont montés.

4. L'autre jour quand elle l'a vu, elle l'a trouvé très sympathique; mais autrefois elle (se disputer) _____ avec lui pour un oui ou pour un non.

5. Avant d'avoir fait mon séjour à Paris, je (faire) _____ des études d'histoire et de littérature françaises.

6. Elle a lié conversation avec lui aussitôt qu'il (s'asseoir) _____ à côté d'elle.

7. L'année dernière, j'ai eu pas mal de difficultés à louer un appartment, mais, il y a quelques années, ça (être) _____ encore plus difficile.

8. Quand elle (vouloir) _____ toucher un chèque, l'employé lui a demandé de fournir une pièce d'identité.

9. Aussitôt qu'ils (se présenter) _____ au guichet, l'employé des postes l'a fermé.

10. Elle lui a demandé des conseils lorsqu'elle (se trouver) _____ en difficulté.

11. Il a fouillé dans ses poches pour de l'argent parce qu'il (ne pas trouver) _____ son portefeuille.

12. On raconte qu'il s'est épris d'elle dès qu'il la (voir) _____.

13. Il est retourné au marché où il (acheter) _____ tout excepté du pain.

14. Quand je l'ai vu, il était très fâché contre Marianne parce qu'elle lui (envoyer) _____ une lettre vraiment désagréable.

15. Elle a commencé à jouer du piano très fort dès que sa sœur (commencer) _____ à chanter.

G. Mettez les verbes entre parenthèses à la forme et au temps qui conviennent. (pp. 172–173)

1. Cela faisait cinq heures que nous (dormir) _____ quand l'avion (atterrir) _____ à Orly.

Exercices écrits

2. Il travaillait dans un magasin d'alimentation générale quand je (faire)

_____ connaissance avec lui: l'année précédente il

(travailler) _____ dans un aéroport.

3. Depuis combien de temps (se plaindre) _____ -il _____

de son séjour à Vincennes?

4. Quand nous (arriver) _____ au dernier étage de

l'immeuble, la concierge a annoncé qu'elle (oublier) _____

son trousseau de clefs en bas.

5. Pendant que Janine faisait signe à Jean, il (regarder) _____

_____ l'autobus qui (s'approcher) _____ de lui.

6. Après son retour aux Etats-Unis, Jeanne m'a raconté qu'elle (louer)

_____ une petite chambre au Quartier Latin à Paris

et qu'elle (s'accommoder) _____ aussi bien que

possible de cet appartement.

7. Quand ce jeune homme (commencer) _____ à flirter

avec elle, ça l'a énervée et elle (se fâcher) _____
contre lui.

8. Il y avait deux heures que nous (se promener) _____

dans le bois quand la nuit (tomber) _____

9. Anne (dire) _____ la veille que si nous parlions à

André de l'avenir, celui-ci (éviter) _____ sans doute
le sujet.

10. Michèle a quitté François pour toujours à la gare au mois d'août, pour-

tant elle (passer) _____ la plupart de son temps
avec lui depuis juin.

11. Gaspar n'a pas demandé à Marie-Chantal de sortir avec lui. La dernière

fois qu'il le (faire) _____, elle lui (poser)

_____ un lapin. (to stand someone up)

74

12. L'autre jour, il lui a parlé de son amour pour elle. C'était précisé-

    ment trois jours après qu'il la (rencontrer) _____
    pour la première fois.

13. Ah, je connais bien ce type-là. Si nous faisions un pique-nique, il

    (danser) _____ parmi les arbres, tout en chassant
    des papillons.

14. Dès qu'elles (sortir) _____ de l'appartement, Paul
    a téléphoné.

15. Voilà seulement quinze minutes que je (se faire) _____
    bronzer au soleil quand il a commencé à pleuvoir.

16. Quand la petite fille (essayer) _____ de rattraper

    son bateau à voiles, elle (ne pas tomber) _____ dans
    le bassin.

H. Mettez les verbes entre parenthèses au futur ou au futur antérieur. (pp.
   175-176)

   1. Je vous retrouverai au café après que je (passer) _____
      par le bureau de tabac chercher des timbres.

   2. Nous ne savons pas si le médecin vous (donner) _____
      un cachet d'aspirine.

   3. Nous irons au théâtre lundi prochain. L'avant-veille nous (assister)

      _____ à un match de football.

   4. Dès que tu (arriver) _____, nous commencerons nos
      préparatifs.

   5. Si les flammes jaillissent trop, on (jeter) _____ de
      l'eau sur l'incendie.

   6. Vous recommencerez votre explication quand tout (être) _____

      _____ de nouveau calme.

   7. Vous rirez de bon cœur quand le héros (remporter) _____
      la victoire sur les méchants.

   8. Elle fera encore des courses après que la garagiste (réparer)

      _____ sa voiture.

Exercices écrits

    9. Tu pourras lui raconter toute cette histoire aussitôt que je (s'éloigner)

        _____.

    10. Si elle surmonte ces difficultés, elle (ne plus être plongé)

        _____ dans la mélancolie.

I. Mettez les verbes au temps et à la forme indiqués. (Appendice)

		Le conditionnel		Le passé du conditionnel
1. avoir	nous	_____	vous	_____
2. aller	elle	_____	je	_____
3. défendre	tu	_____	elle	_____
4. devoir	vous	_____	il	_____
5. vivre	elles	_____	je	_____
6. lire	nous	_____	tu	_____
7. s'en souvenir	elle	_____	vous	_____
8. se demander	nous	_____	ils	_____
9. rire	j'	_____	nous	_____
10. choisir	tu	_____	on	_____
11. partir	elles	_____	je	_____
12. préférer	nous	_____	elle	_____
13. se lever	ils	_____	je	_____
14. falloir	il	_____	il	_____
15. recevoir	vous	_____	vous	_____

J. Ecrivez les formes des verbes suivants aux temps indiqués en faisant les changements orthographiques nécessaires. Le changement est indiqué entre parenthèses après chaque verbe. (Appendice p. 406)

	Présent	Imparfait	Futur
1. placer (ç)	je _____	tu _____	elles _____
	nous _____	nous _____	
2. sécher (è)	tu _____	elles _____	tu _____
	vous _____	nous _____	
3. emmener (è)	il _____	j' _____	nous _____
	vous _____	vous _____	
4. jeter (tt)	je _____	il _____	je _____
	nous _____	vous _____	
5. modeler (è)	elle _____	tu _____	elle _____
	vous _____	vous _____	
6. appeler (ll)	ils _____	ils _____	vous _____
	nous _____	nous _____	
7. nager (ge)	je _____	elle _____	ils _____
	nous _____	vous _____	
8. acheter (è)	tu _____	il _____	tu _____
	vous _____	nous _____	
9. enlever (è)	elle _____	tu _____	nous _____
	nous _____	vous _____	
10. préférer (è)	je _____	elles _____	je _____
	vous _____	nous _____	
11. arranger (ge)	elle _____	tu _____	on _____
	nous _____	vous _____	
12. balancer (ç)	ils _____	je _____	elles _____
	nous _____	nous _____	

Exercices écrits

K. Complétez les phrases suivantes en mettant les verbes donnés au temps qui
convient. (pp. 162-176)

1. Voilà deux ans qu'il (se brosser) _____ les dents avant de

   prendre le petit dejeuner le matin. (Changer) _____-t-il
   un jour d'habitude?

2. Marie et lui (être) _____ en France depuis juillet, mais

   ils (revenir) _____ dans huit jours.

3. Si vous (faire) _____ un mobile, il (falloir) _____

   _____ être adroit et patient.

4. En ce moment, je (être) _____ très heureux de les voir;

   demain, sans doute, je (ne l'être plus) _____.

5. Marianne (lire) _____ ce roman depuis quatre semaines. La

   semaine prochaine, elle (passer) _____ un examen; avant cet

   examen, elle (le finir) _____.

6. Hier, Mathieu (avoir) _____ envie de quelques souvenirs, mais

   son père (ne pas vouloir) _____ lui en acheter. Demain ils

   (retourner) _____ au musée et il (lui en acheter)

   _____ peut-être.

7. Il y a onze mois que ce peintre du dimanche (ne pas venir) _____

   _____ peindre au musée.

8. Je (être) _____ sûr que les Belloeil (gronder) _____

   leur fils s'il (grimper) _____ sur les statues.

9. Oui, il (le faire) _____ toujours: dès qu'il (avoir)

   _____ mal aux pieds, il (enlever) _____ses

   souliers, (s'asseoir) _____ sur un banc et (se frotter)

   _____ vigoureusement les pieds.

10. Les tableaux de Magritte (déformer) _____ la réalité et

    (réconcilier) _____ la réalité avec le rêve.

11. Elle (n'en pouvoir plus) _____ car elle (se promener)

_____ toute la matinée.

12. Le mois prochain, Mme Bellœil (rire) _____ quand elle

(se souvenir) _____ de sa visite au musée.

13. Suzanne (aller) _____ aller en ville ce matin. Si elle

(rencontrer) _____ André, elle (lui raconter)

_____ cette drôle d'histoire.

14. Ah oui, nous (acheter déjà) _____ les billets de théâtre
pour samedi.

15. Il y a quarante-huit ans que ma grand-mère (gagner) _____
sa vie en créant des mobiles.

16. Dans un an, ils (faire) _____ un voyage en U.R.S.S.

17. Nous (arriver) _____ au château ce soir après que la nuit

(tomber) _____.

18. Lorsque le jardinier (se déguiser) _____ demain, vous (ne

le reconnaître plus) _____.

L. Lisez le paragraphe suivant. Puis, projetez l'action au passé et récrivez
tous les verbes numérotés selon le nouveau point de repère (le passé).
Ensuite, projetez l'action dans le futur et récrivez tous les verbes.

L'inspecteur a[1] l'air fatigué quand il arrive[2] devant le château. Il

descend[3] de sa voiture et sonne[4] à la porte. Comme d'habitude, un domestique

lui ouvre[5] la porte et fait[6] le geste de prendre son manteau et son chapeau.

Mais, cette fois, l'inspecteur ne se dévêtit[7] pas. Il a[8] l'intention de partir

dès qu'il aura interrogé[9] tous les témoins. Le valet le conduit[10] au bureau du

maître du château. Là, sur le plancher, il trouve[11] le mort qui est[12] toujours

étendu par terre, les yeux grands ouverts fixés au plafond. Et tous les témoins

sont[13] présents dans le bureau: la maîtresse du château, un drôle de visiteur,

un parent—un beau-frère ou une vieille tante—et la bonne. Enfin, le jardinier

Exercices écrits

qui regarde[14] souvent par la fenêtre et qui connaît[15] tous les secrets de la

famille que l'inspecteur vraiment ne veut[16] pas entendre. Celui-ci décide[17]

donc de questionner ces gens, mais il a déjà compris[18] que l'affaire est[19] très

obscure et que personne ne sait[20] rien. Son assistant exprime[21] beaucoup

d'opinions et suggère[22] des solutions, mais tout ça n'est[23] pas très convainquant.

Plus tard, après une nuit blanche passée par l'inspecteur, le commissaire de

police lui téléphone[24] pour lui dire qu'il a décidé[25] de charger l'assistant de

l'enquête. Ensuite, il donne[26] à l'inspecteur une autre adresse et l'envoie[27]

à un autre château avec un autre assistant où il y a[28] une nouvelle victime.

Jamais l'occasion de se reposer, ni le temps de dormir tard le matin. Quelle

vie infernale!

Point de repère: le passé. (pp. 148-149, 171-174)

1. _____	11. _____	21. _____
2. _____	12. _____	22. _____
3. _____	13. _____	23. _____
4. _____	14. _____	24. _____
5. _____	15. _____	25. _____
6. _____	16. _____	26. _____
7. _____	17. _____	27. _____
8. _____	18. _____	28. _____
9. _____	19. _____	
10. _____	20. _____	

Point de repère: le futur. (pp. 166-167, 175-177)

1. _____	5. _____	9. _____
2. _____	6. _____	10. _____
3. _____	7. _____	11. _____
4. _____	8. _____	12. _____

13. _____   19. _____   25. _____

14. _____   20. _____   26. _____

15. _____   21. _____   27. _____

16. _____   22. _____   28. _____

17. _____   23. _____

18. _____   24. _____

M. Reportez-vous aux Vacances de Gaspar à la page 179 de votre livre et complétez les phrases suivantes avec les expressions temporelles qui conviennent. (pp. 164-169, 172-175)

_____, c'est le neuf juillet. Gaspar et Marie-Chantal sont au café. Ils discutent de leur travail.

—Marie-Chantal, sais-tu qu' _____ mon téléviseur est tombé en panne?

—Oh, zut! Mon pauvre vieux! Est-ce que tu as réussi à le réparer?

—Malheureusement non. Je l'ai emporté en ville pour le faire réparer. Le type m'a dit que je pourrais l'avoir le vingt-trois, ce qui veut dire

_____.

—C'est long, dis donc. Mais dis-moi, que feras-tu _____? Tu as toujours l'intention d'aller à la pêche?

—Et pourquoi pas? _____ deux mois _____ je ne

suis pas allé à la pêche. Et au fait, _____, je ferai de l'alpinisme.

—Alors, tu ne m'aideras pas à bâtir ma cabane dimanche _____?

Et tu ne m'as pas aidée dimanche _____, non plus. Tu exagères.

—Zut alors! Je suis en vacances _____ le premier juillet.

Ça ne te dit rien? On se détend _____ on est en vacances.

—Oui, mais quand même!

—Bien, bien, mardi _____, nous irons voir les feux d'artifices. Tu veux bien?

Exercices écrits

—D'accord. Mais n'oublie pas que le mois _____, ce sera

mon occasion de me détendre un peu et que _____ trois semaines
tu seras encore au boulot.

—Oh, ça! Je n'y pense pas. Mais, dis donc, est-ce que tu te souviens de

la semaine _____? _____, nous avons fait de la
bicyclette ensemble.

—Oui, mais _____ tu avais passé toute la journée seul à la
campagne avec ta boîte de couleurs et tes pinceaux!

—Ah! Un artiste doit faire ce qu'il doit faire. Et, en tout cas, tu

oublies _____. Nous sommes allés à cette discothèque, La
Boîte de nuit.

—Mais dimanche _____, qu'as-tu fait pendant que je
travaillais dur?

—Moi? J'ai fait du jogging.

—Et _____?

—Je suis resté au lit ... euh, toute la journée.

—Gaspar, tu es vraiment marrant!

—J'étais fatigué. Je suis fatigué presque _____ lundis.

—Donc, tu as l'intention de rester au lit _____ lundi?

—Si c'est nécessaire!

N. Les verbes suivants sont au passé simple. Ecrivez l'infinitif correspondant.
(p. 178)

1. il fit _____
2. vous fûtes _____
3. ils reçurent _____
4. il éteignit _____
5. elles allèrent _____
6. il apprit _____
7. nous pûmes _____

8. elle devint _____
9. il défendit _____
10. je revis _____
11. elles naquirent _____
12. ils surent _____
13. je réussis _____
14. tu décrivis _____

15. ils répondirent _____   18. je rentrai _____

16. elle mourut _____   19. elles connurent _____

17. vous voulûtes _____   20. tu dis _____

EXPRESSIONS IDIOMATIQUES

0. Dans chacune des phrases suivantes, employez une expression idiomatique de la liste ci-dessous.

avoir (quelque chose) à   avoir mal à   se plaindre de
avoir envie de   faire de son mieux   il s'agit de
avoir l'habitude de   se souvenir de

1. Le marchand _____ mettre une enseigne sur la façade de sa boutique. Pour le faire, il économise de l'argent. (présent)

2. Après tout, la solution n'était pas très compliquée. _____

_____ simplement d'étudier avec soin le problème. (imparfait)

3. Nous _____ faire des courses au marché place Victor Hugo. Nous ne voulons pas changer de marché. (présent)

4. Elles se sont assises parce que Janine _____ pieds. (imparfait)

5. Un jour, ils _____ leur visite au musée et ils seront très contents. (futur)

6. Le gardien _____ sans cesse _____ Mathieu, ce petit casse-pieds. (présent)

7. Vous _____ des nouvelles _____ me dire quand vous reviendrez de votre aventure. (futur)

8. Robert et moi, nous _____ pour arriver à l'heure, mais la voiture marche mal. (passé composé)

s'habituer à   emporter   rendre
faire de son mieux   emmener   enlever
prendre

9. Du thé et des biscottes? C'est tout? Est-ce que vous ne

_____ pas autre chose? (présent)

10. Ça ne fait rien. Je _____ ce nouveau régime.
(futur)

11. L'employée ne lui _____ pas encore _____ son guide.

   (passé composé)

12. Qu'il fait chaud! Tu devrais vraiment _____ ta
   chemise. (infinitif)

13. Aussitôt qu'André aura téléphoné, Paul _____ Sylvie
   chez lui. (futur)

14. Qui _____ toutes ces assiettes à la cuisine? (passé
   composé)

15. C'est dommage que tu aies raté l'examen. En tout cas, on sait que tu

   _____. (passé composé)

COMPOSITION DIRIGEE: HISTOIRE EN IMAGES

P. Vous allez jouer le rôle de Mme Tiger dans <<Le Ménager>>. Vous vous trouvez
   à la terrasse d'un café vendredi soir à six heures et quart comme à l'image
   5 (p. 199). Vous racontez à des amis ce que votre mari a fait lundi (p. 193),
   ce que vous croyez qu'il fait en ce moment (p. 199), et ce qui se passera
   demain, le jour où vous partirez en vacances (p. 201). On vous donne les
   premières et les dernières phrases de ce monologue. Employez les expressions suivantes: avoir l'air, avoir envie de, se plaindre de, s'habituer à,
   mettre (du temps) à, faire de son mieux, il s'agit de. Prenez une feuille
   de papier pour écrire votre composition.

<u>Vous pouvez commencer par:</u>

Vous savez que mon mari ne s'amuse pas avec le ménage et les enfants. Pourtant,
il a bien voulu rester à la maison quand j'ai commencé à travailler. Par
exemple, lundi dernier, il a décidé qu'il allait s'occuper du bébé, faire la
lessive, préparer le dîner et réparer les vêtements.

<u>Vous pouvez finir par:</u>

J'espère que même après un aussi long voyage—pensez! Dix heures d'autoroute—
mon mari ne sera pas trop épuisé et pourra profiter de nos vacances à la mer!

Quatrième Chapitre

LE TEMPS

Exercices oraux: Bande 1

Activité 1: Phonétique--Les voyelles /o/ et /ɔ/

Explication: En français les voyelles sont dites ouvertes ou fermées selon que la bouche est plus ou moins ouverte. La voyelle o est fermée dans les mots piano, vélo, rose. Le son /o/ peut s'écrire ô, au, eau. Quand la lettre o est suivie d'une consonne finale prononcée dans la même syllabe, le o est ouvert et se prononce /ɔ/. Par exemple, homme, robe, Simone.

Suggestions: Pour articuler le o fermé /o/, avancez et arrondissez les lèvres en faisant une petite ouverture; pour articuler le o ouvert /ɔ/, avancez un peu moins les lèvres, arrondissez-les, mais gardez une petite ouverture.

Répétez les paires de mots suivants en notant la différence entre /o/ et /ɔ/.

sot – sotte	rose – robe
dos – donne	beau – bol
vôtre – votre	cause – colle

Dans les mots suivants, tous les o sont ouverts /ɔ/.

vote	professeur
code	téléphone
Robert	moment

Maintenant, répétez les mots et les phrases que vous entendrez. Attention à la tension vocalique.

gros	modèle	brosse
choses	côte	colère
drôle	haut	possible
époque	autre	commencer
adore	veau	

Leurs gros chapeaux jaunes sont aussi drôles que les nôtres.
A l'école on se moque du professeur de philosophie.

Regardez dans votre cahier. Vous allez entendre des mots contenant le son /o/ ou le son /ɔ/. A chaque mot, entourez d'un cercle le son que vous entendez.

You hear: homme
You circle: /o/ (/ɔ/)

Exercices oraux: Bande 1

1. /o/   / ɔ /   6. /o/   / ɔ /

2. /o/   / ɔ /   7. /o/   / ɔ /

3. /o/   / ɔ /   8. /o/   / ɔ /

4. /o/   / ɔ /   9. /o/   / ɔ /

5. /o/   / ɔ /   10. /o/   / ɔ /

Maintenant, à chaque numéro que vous entendrez, lisez le mot ou les phrases
correspondants.

    1. mot
    2. comme
    3. votre
    4. jaune
    5. Notre bonne vaut plus que la vôtre.
    6. Bruno? Il est beau, cet homme; nous venons de perfectionner le modèle.

Activité 2: Dialogue--Le Fonctionnaire

Activité 3: Compréhension

Vous allez entendre dix phrases à propos du dialogue. Déterminez si chaque
phrase est vraie ou fausse et marquez V ou F dans votre cahier. Vous entendrez
chaque phrase deux fois.

1. _____   3. _____   5. _____   7. _____   9. _____

2. _____   4. _____   6. _____   8. _____   10. _____

Activité 4: Les temps du verbe

Vous parlez avec deux camarades. Complétez votre conversation à l'aide des mots
suggérés dans votre cahier.

    Modèle: dans trois jours
             hier
             aujourd'hui

You hear: Tu pars aujourd'hui?
You say: Non, je partirai dans trois jours.
You hear: Ah, tu partiras dans trois jours.
You hear: Et ton frère, il partira avec toi?
You say: Non, il est parti hier.

You hear: Ah, il est parti hier avec vos parents.
You say: **Non, mes parents partent aujourd'hui.**
You hear: Ah, ce sont vos parents qui partent aujourd'hui.

1. la semaine prochaine   3. demain matin
    la semaine passée   se coucher de bonne heure / ce soir
    C'est moi qui ...   d'habitude / de bonne heure

2. hier soir   4. le week-end dernier
    dimanche prochain   le week-end prochain
    Personne ne ...   rester à la maison

Activité 5: Pas encore

Des amis vous demandent si certaines choses ont déjà eu lieu. Dites que vous ne croyez pas et continuez votre conversation à l'aide des mots suggérés dans votre cahier.

Modèle: ce matin / pas encore partir
         dire / partir hier soir

You hear: Ils sont déjà partis?
You say: **Je ne crois pas. Ce matin ils n'étaient pas encore partis.**
You hear: Comment! Ils n'étaient pas encore partis?
            Cela vous étonne?
You hear: Mais oui. Ils devaient partir hier soir.
You say: **En effet, ils avaient dit qu'ils partiraient hier soir.**
You hear: Ah, ils avaient dit qu'ils partiraient hier soir.

1. ce matin / pas encore commencer

    dire / commencer la semaine dernière

2. ce matin / pas encore recevoir leur lettre

    dire / envoyer la lettre tout de suite

3. il y a une demi-heure / pas encore se lever

    dire / se lever à six heures du matin

4. à minuit / pas encore rentrer

    dire / rentrer avant 10 heures

Exercices oraux: Bande 1

Activité 6: Venir de et il y a

Plusieurs de vos camarades veulent chacun savoir si vous venez de faire
certaines activités. Répondez que non et continuez la conversation à l'aide
des mots suggérés dans votre cahier.

      Modèle: il y a trois heures
               déjà / partir

You hear: Est-ce que tu viens d'arriver?
You say: **Non, je suis arrivé(e) il y a trois heures.**
You hear: Tu es arrivé(e) il y a trois heures? Tu as vu les Molina?
You say: **Non, ils étaient déjà partis.**
You hear: Ah, ils étaient déjà partis.

   1. il y a deux jours   3. tout de suite après le déjeuner

       pas encore / revenir   pas encore / faire la vaisselle

   2. il y a une heure   4. hier soir

       déjà / finir ses devoirs   pas encore / téléphoner

Activité 7: Suppositions

Vous parlez avec un ami qui finit toujours par dire qu'il ferait, aurait fait
ou fera comme vous dans les mêmes circonstances. Recréez votre conversation à
l'aide des mots suggérés dans votre cahier.

      Modèle: faire un pique-nique
               aller au cinéma
               dans ce cas-là / aller à la plage
               faire très chaud

You hear: Qu'est-ce que tu feras s'il fait beau demain?
You say: **Je ferai un pique-nique.**
You hear: Ah, tu feras un pique-nique. Et s'il pleut?
You say: **S'il pleut, j'irai au cinéma.**
You hear: Ah, s'il pleut, tu iras au cinéma. Et s'il fait très chaud?
You say: **Dans ce cas-là j'irais à la plage.**
You hear: Tu irais à la plage?
You say: **Oui, s'il faisait très chaud.**
You hear: Moi aussi, j'irais à la plage s'il faisait très chaud.

   1. rester au lit

       se lever tout de suite

       essayer de se rendormir

       se réveiller à cinq heures

2. se reposer

    faire le tour du monde

    jouer avec ses amis tous les jours

    avoir une année de vacances à l'âge de dix ans

3. des tableaux

    une pièce

    un film

    aller au cinéma / ce soir

Activité 8: Conversation téléphonique

C'est lundi. Une vieille amie téléphone d'une autre ville pour avoir des nouvelles de la famille. Elle pose une série de questions sur le temps qu'il fait, sur la santé d'Hervé et sur les activités de différentes personnes. Répondez à ses questions à l'aide des mots suggérés dans votre cahier.

1. pleuvoir aujourd'hui
    samedi
    deux jours
    faire beau

2. non / il y a une semaine
    il y a quatre jours
    depuis trois jours
    deux jours

3. avant-hier
    deux jours
    après-demain
    non / déjà parti
    le jour où Chantal partira

Quatrième Chapitre

LE TEMPS

Exercices oraux: Bande 2

Activité 1: Phonétique--Les voyelles / ø / et /œ /

Explication: En français les lettres <u>eu</u> peuvent se prononcer / ø / (voyelle fermée) ou /œ/ (voyelle ouverte). Lorsque les lettres <u>eu</u> représentent le dernier son prononcé d'un mot ou d'une syllabe, la voyelle est fermée / ø /. Par exemple: <u>feu</u>, <u>veut</u>.

Lorsque les lettres <u>eu</u> sont suivies d'une consonne prononcée dans la même syllabe, la voyelle est ouverte /œ/. Par exemple: feuille, <u>veulent</u>.

Une exception importante à cette règle est la forme féminine de certains noms et adjectifs: par exemple, <u>généreuse</u> et <u>une chanteuse</u> se terminent avec une voyelle fermée / ø /.

Suggestions: Pour articuler la voyelle fermée / ø /, avancez et serrez les lèvres; pour articuler la voyelle ouverte /œ/, ouvrez et arrondissez davantage les lèvres.

Maintenant, répétez les paires de mots en notant la différence entre les sons / ø / et /œ/.

ceux - sœur	nœud - neuf
veux - veuve	œufs - œuf
peut - peuvent	bœufs - bœuf

Maintenant, répétez les mots et les phrases que vous entendrez. Attention à la tension vocalique.

deux	amoureux	seul	peuple
vieux	amoureuse	jeune	peur
jeu	veut	pleure	veulent
pleut			bonheur

Le monsieur aux yeux bleus n'a pas de cheveux.
Le vendeur pleure depuis deux heures parce que sa sœur se meurt.

Maintenant, regardez dans votre cahier. Vous allez entendre des mots ayant le son / ø / ou le son /œ/. Entourez d'un cercle le son que vous entendrez.

You hear: <u>peu</u>
You circle: (/ ø /) /œ /

1. / ø /   /œ /   3. / ø /   /œ /

2. / ø /   /œ /   4. / ø /   /œ /

Exercices oraux: Bande 2

5. /ø /   /œ   8. /ø /   /œ /

6. /ø /   /œ /   9. /ø /   /œ /

7. /ø /   /œ /   10. /ø /   /œ /

Regardez dans votre cahier. A chaque numéro que vous entendrez, dites le mot ou
la phrase correspondant.

    1. furieux
    2. couleur
    3. bœuf
    4. bleu
    5. les œufs
    6. Seuls les vieux peuvent être vraiment heureux.

Activité 2: Histoire en images--Le Ménager

Reportez-vous à l'image 1, page 191 dans votre livre. C'est mercredi. Le
ménager va au marché où il rencontre un ami qui lui pose des questions au sujet
de sa nouvelle vie ménagère. Jouez le rôle du ménager et dites à votre ami
comment le premier jour (lundi) s'est passé.

    Modèle: commencer lundi

You hear: Ah, bonjour, mon vieux. Ça va? Et ta femme, elle travaille
           maintenant?
You say: **Elle a commencé lundi.**
You hear: Elle a commencé lundi.

    1. lui faire une bise
    2. pull / pantalon / tablier
    3. balayer / épousseter les meubles
    4. promener le caniche
    5. au début, oui, mais maintenant / pénible
    6. depuis lundi / très contente

Activité 3: Ça ira mieux

Reportez-vous à l'image 5. Vous continuez à jouer le rôle du ménager. Votre
ami vous dit que tout ira mieux dans quelques jours, mais vous êtes convaincu
du contraire. Imaginez ce qui se passera vendredi à l'aide des mots suggérés
dans votre cahier.

    1. se lever à 6 h 30
    2. commencer par faire les lits
    3. le caniche / vouloir échapper à Jean-Pierre / sauter sur le lit
    4. ensuite / passer l'aspirateur

5. le sac / crever
6. y avoir / de la poussière partout
7. ma femme / rentrer tard
8. prendre l'apéritif avec ses collègues

Activité 4: Samedi

Reportez-vous à l'image 6. C'est samedi. Un autre ami passe vous voir. Vous vous préparez à partir pour le week-end. Répondez aux questions de votre ami à l'aide des mots suggérés dans votre cahier.

1. passer le week-end à la campagne
2. peu enthousiaste
3. être complètement épuisé
4. faire la lessive / préparer les repas / nettoyer la maison
5. tenir à aller au bord de la mer
6. faire les courses

Activité 5: Une semaine plus tard

Reportez-vous à l'image 7. C'est une semaine plus tard. Vous rencontrez votre second ami qui demande comment s'est passé le week-end. Répondez à ses questions à l'aide des mots suggérés dans votre cahier.

1. nous / partir avec deux heures de retard
2. sur la route / y avoir / un embouteillage
3. on / faire des travaux sur 45 km
4. nous / passer l'après-midi à la plage
5. je / s'endormir tout de suite
6. Jean-Pierre / faire de la planche à voile
7. ma femme et Nicolas / construire un château de sable
8. je / être enterré dans le sable

Activité 6: Exercice de compréhension

Vous allez entendre la lecture d'une petite scène dramatique intitulée Le Mercredi de l'instituteur. Avant de commencer, répétez les mots suivants que vous ne connaissez peut-être pas: un instituteur = "elementary school teacher"; un briquet = "cigarette lighter". Les villes mentionnées dans cette scène sont: Aix-en-Provence, Nice, Marseille et Arles.

Maintenant les questions.
Vous allez entendre dix phrases à propos de la scène que vous venez d'écouter.
Déterminez si chaque phrase est vraie ou fausse et marquez V or F dans votre
cahier. Vous entendrez chaque phrase deux fois. Quand vous aurez terminé,
vérifiez vos réponses en écoutant la scène une seconde fois.

1. _____   3. _____   5. _____   7. _____   9. _____

2. _____   4. _____   6. _____   8. _____   10. _____

Cinquième Chapitre

LA LIAISON

Exercices écrits

STRUCTURES GRAMMATICALES

A. Combinez les phrases suivantes en utilisant la conjonction de coordination indiquée. (pp. 208-209)

Modèle: (mais) Hier, il a mis le peigne sur la commode. Aujourd'hui, il ne peut pas le trouver.
Hier, il a mis le peigne sur la commode, mais aujourd'hui il ne peut pas le trouver.

1. (ensuite) Ils ont fait la vaisselle. Ils ont épousseté la salle de séjour. Ils ont fait la lessive.

   _____

   _____

2. (cependant) Les invités ont joué aux cartes pendant quatre heures. Personne n'a gagné.

   _____

   _____

3. (ou) Sa femme va commencer à l'aider. Il va devenir fou.

   _____

   _____

4. (donc) Sa voiture était en panne. Elle est allée à son bureau à pied.

   _____

   _____

5. (par conséquent) Le caniche était couché sur le seuil de la porte. Il a fait trébucher le ménager.

   _____

   _____

6. (cependant) Mme Tiger voulait passer le week-end à la plage. Son mari préférait rester chez eux.

    _____

    _____

7. (parce que / et) Il n'avait pas beaucoup d'énergie. Il avait beaucoup travaillé pendant la semaine. Il était très fatigué.

    _____

    _____

8. (puis) Il a mis tous les bagages dans le coffre de la Citroën. Il a aidé son père à attacher le canot sur la voiture à l'aide d'une corde.

    _____

    _____

    _____

B. Complétez les phrases suivantes avec les prépositions à ou de. Si le verbe ne nécessite aucune préposition, mettez une croix. (pp. 210-211, Appendice)

1. Il interdit à son fils _____ grimper sur les meubles.

2. Ils me remercient _____ avoir expédié le télégramme.

3. Nous espérons _____ partir jeudi prochain.

4. Ils leur enseignent _____ réparer les voitures de sport.

5. Il ose _____ me réprimander!

6. Marie essaie _____ mettre une couche au bébé.

7. Tu sembles _____ avoir besoin de te reposer, mon chou.

8. Vous devez _____ vous habituer _____ étudier plus.

9. Il hésite _____ vendre cette vieille voiture.

10. Il vaut mieux _____ laver les fenêtres avant de partir.

11. Ce film m'a empêchée _____ dormir cette nuit.

12. Il conseille à son ami _____ ne pas tricher au jeu.

C. Conjuguez les verbes suivants au subjonctif. (Appendice)

Présent du subjonctif

couper

je _____ tu _____ elle _____

nous _____ vous _____ ils _____

finir

je _____ tu _____ il _____

nous _____ vous _____ elles _____

attendre

j'_____ tu _____ il _____

nous _____ vous _____ elles _____

Passé du subjonctif

regarder

j'_____ tu _____ elle _____

nous _____ vous _____ elles _____

choisir

j'_____ tu _____ il _____

nous _____ vous _____ ils _____

perdre

j'_____ tu _____ elle _____

nous _____ vous _____ ils _____

D. Mettez les verbes suivants à la forme indiquée du verbe. (Appendice pp. 403, 405, 412-420)

	Présent du subjonctif	Passé du subjonctif
1. s'en servir	tu _____	elles _____

Exercices écrits

		Présent du subjonctif	Passé du subjonctif
2. faire	il _____	on _____
3. revenir	ils _____	je _____
4. voir	tu _____	tu _____
5. dire	nous _____	vous _____
6. s'asseoir	vous _____	elle _____
7. être	nous _____	ils _____
8. offrir	vous _____	elle _____
9. apprendre	j' _____	elle _____
10. accueillir	vous _____	vous _____
11. aller	elles _____	elle _____
12. s'endormir	tu _____	nous _____
13. surveiller	nous _____	je _____
14. croire	vous _____	tu _____
15. avoir	j' _____	vous _____
16. vouloir	tu _____	on _____
17. mentir	elle _____	nous _____
18. lire	tu _____	vous _____
19. pouvoir	nous _____	tu _____
20. permettre	je _____	elles _____

E. Complétez les phrases suivantes en utilisant les verbes entre parenthèses au présent ou au passé du subjonctif. (pp. 212-218)

1. Je suis désolé que la foule (ne pas applaudir)_____ après le spectacle hier soir.

2. Ils doutent que nous (pouvoir) _____ acheter les provisions pour le week-end hier.

3. Il est important que vous (louer) _____ un appartement au bord de la mer cet été.

4. Il est peu probable que M. Tiger (se mettre) _____ en colère pour si peu de chose.

5. Je ne crois pas qu'elle (s'impatienter) _____ hier soir.

6. Elle est bien fâchée que ses collègues (ne pas prendre) _____ toujours au sérieux ses problèmes domestiques.

7. Je suis surpris que parfois vous (se méfier) _____ d'elle.

8. Il est possible que M. Tiger (se détendre) _____ quand il sera à la plage.

9. Nous craignons que tu (être) _____ un peu dure avec toi-même.

10. Il est impossible qu'ils (se sentir) _____ épuisés après une croisière de quinze jours.

11. Elle n'est pas sûre que cet avocat (savoir) _____ bien faire son métier.

12. Nous sommes étonnées qu'il (rougir) _____ quand nous lui avons parlé de Valentine.

13. Il serait bon que tu (prendre) _____ sa température chaque jour.

14. Nous souhaitons qu'elle (ne pas souffrir) _____ trop après son opération.

15. Je suis ravi qu'elle (monter) _____ à cheval avec moi hier.

F. Combinez les deux phrases en faisant tous les changements nécessaires. Notez que la deuxième phrase introduit toujours la première. Quelquefois le verbe sera au subjonctif. (pp. 212-218)

Modèles: Il passera son temps à Paris à se promener. C'est possible.
Il est possible qu'il passe son temps à Paris à se promener.

Il y a des poissons qui volent. J'en suis surpris.
Je suis surpris qu'il y ait des poissons qui volent.

1. Il en a marre de son travail. Je ne le crois pas.

_____

2. Nous ressemblons à ce garçon de café maladroit. J'en doute.

_____

Exercices écrits

3. Vous ferez de la plongée sous-marine cet après-midi. Je vous le défends.

   _____

   _____

4. Antoine et Sylvie vont à la pêche dimanche prochain. C'est peu probable.

   _____

   _____

5. Nous ferons la queue. Tu en as peur.

   _____

6. Son bébé naîtra la semaine prochaine. Cela se peut.

   _____

7. Ils vont prendre l'avion. Il me le semble.

   _____

8. Tu profiteras de ton voyage à la Martinique. Je n'en doute pas.

   _____

   _____

9. L'hôtesse aime écouter les problèmes des passagers. Nous n'en sommes
   pas sûrs.

   _____

   _____

10. Elle a sauté en parachute deux cents fois. Cela m'étonne.

    _____

    _____

11. Il ne s'attend pas à voir un chantier de construction dans cette île
    pacifique. Il a raison.

    _____

    _____

12. Nous ferons de la planche à voile pendant que nous serons à la Grande
    Motte. Je le souhaite.

    _____

    _____

13. Les amis bavardent autour de la table. Tout ce bruit les en empêche.

    _____

    _____

14. Elle s'est souvenue de mon anniversaire. J'en suis ravi.

    _____

    _____

15. Nous passons l'après-midi à feuilleter des livres dans des librairies.
    Nous en sommes contentes.

    _____

    _____

16. Elles se prépareront à passer l'examen. C'est bien.

    _____

G. Donnez l'équivalent français des phrases suivantes. (pp. 212-220)

    1. I hope she will be at ease during the show.

       _____

    2. I'm sorry that I will not be able to take the course.

       _____

    3. It's important for you (vous) to check the time.

       _____

    4. It seems to us that he will not recognize them.

       _____

    5. They're afraid that it will be dark before their arrival.

       _____

Exercices écrits

6. I don't believe that they will invite us to dinner at their house.

   _____

7. She will write her mother to send her the dossiers.

   _____

8. It's a pity that they don't want you (tu) to succeed.

   _____

9. Is it true that you (vous) will not help them cut the grass?

   _____

10. I will ask her to return the wheelbarrow, the shovel, and the rake to
    the toolshed.

   _____

   _____

11. She promised me she would look for the letters in her desk.

   _____

12. They counselled her not to contract any debts.

   _____

H. Faites une révision de la page 28 dans votre livre et écrivez les verbes
   suivants aux formes indiquées.

	Participe présent	Infinitif passé
1. être	en _____	après _____
2. s'en souvenir	en _____ (tu)	après _____ (elles)
3. remplir	en _____	après _____
4. savoir	en _____	après _____
5. vivre	en _____	après _____
6. perdre	en _____	après _____
7. voir	en _____	après _____
8. avoir	en _____	après _____

	Participe présent	Infinitif passé
9. nager	en _____	après _____
10. s'asseoir	en _____ (nous)	après _____ (elle)
11. se dépêcher	en _____ (il)	après _____ (ils)
12. aller	en _____	après _____ (nous)

I. Complétez les phrases suivantes en mettant les verbes à l'indicatif, au subjonctif ou à l'infinitif, selon le sens de la phrase. (pp. 220-226)

1. Quel qu'il (être) _____, il n'est pas suspect.

2. De crainte de (laisser) _____ des traces, il a marché à pas feutrés.

3. Au cas où vous (trouver) _____ le revolver, passez-moi un coup de fil.

4. Si nous (interroger) _____ les témoins, nous connaîtrons au moins les faits du crime.

5. Nous trouverons la statuette dans le château à moins que l'on (ne l'enterrer) _____ dans le bois.

6. Avant d' (accrocher) _____ le masque au mur, époussetons-le.

7. Elle voyagera au Canada tandis qu'ils (faire) _____ le tour des Etats-Unis cet été.

8. Où que vous (aller) _____, nous vous suivrons.

9. Nous voulons contempler la scène avant que les témoins (n'arriver) _____.

10. Après (décrocher) _____ l'appareil téléphonique, la bonne s'est aperçue que quelqu'un en avait coupé le fil.

11. Si elles (avoir) _____ l'argent, elles seraient allées en Guadeloupe.

12. Je me suis caché derrière le palmier sans qu'ils (me voir) _____ _____.

13. Ils chuchotaient afin que je (ne pas pouvoir les entendre) _____ _____.

14. En (apprendre) _____ les nouvelles, il s'est dépêché de venir chez nous.

15. Ils se réchaufferont auprès de la cheminée jusqu'à ce qu'il (faire)

    _____ chaud dans la maison.

16. Dès que Maurice (déboucher) _____ la bouteille de champagne, nous en boirons.

17. Je porterai un pull à col roulé quoi que tu en (dire) _____.

18. Après (s'occuper) _____ des enfants, nous irons au théâtre.

19. Il changera de vêtements aussitôt qu'il (rentrer) _____ chez lui.

20. Il faisait le ménage pendant que sa femme (prendre) _____ un verre au café.

21. Pour bien (parler) _____ français, il faut que vous

    (étudier) _____ jour et nuit.

22. Il donnait toujours une bise à sa femme avant qu'elle (sortir)

    _____.

23. Si tu (ne pas avoir) _____ de salade pour le dîner, va en ville en acheter.

EXPRESSIONS IDIOMATIQUES

J. Utilisez votre imagination et pour chaque illustration, écrivez une légende (caption) en utilisant l'expression idiomatique suggérée. (pp. 228-233).

meilleur _____

_____

_____

tout _____

_____

_____

être en train de _____

_____

_____

répondre à _____

_____

_____

laisser (+ infinitif) _____

_____

_____

si on (+ imparfait) _____

_____

_____

mieux _____

_____

_____

COMPOSITION DIRIGEE: Le Bourgeois gentilhomme

K. Vous allez écrire un essai à la première personne fondée sur <<Le Bourgeois gentilhomme>> (pp. 241-258). Votre point de départ sera la dernière image à la page 257. Vous jouerez le rôle de Sylvie qui pense aux événements et à la pièce de théâtre tout en essayant de comprendre la nouvelle attitude de M. Radin. Considérez les faits suivants pour développer les pensées et les sentiments de Sylvie:

1. Elle comprend bien les différences entre les exigences de M. Radin et les aspirations de Pascal.

2. Elle examine les sentiments de Pascal, de M. Radin et sés propres sentiments par rapport à la pièce.

3. Elle peut s'identifier aux problèmes de Lucille, de Cléonte et de Mme Jourdain.

4. Elle se rappelle M. Jourdain et le compare à M. Radin.

5. Elle n'a pas tout à fait saisi pourquoi M. Radin a changé d'avis.

6. Sylvie a quand même des doutes au sujet de l'avenir.

Prenez une feuille de papier pour écrire votre composition et utilisez au moins quinze des expressions suivantes. On vous donne aussi les premières phrases.

par conséquent	si	de crainte que	conseiller à ... de
parce que	après que	à moins que	être clair que
vouloir que	avant que	sans que	jusqu'à ce que
avoir peur que	afin que	savoir que	tandis que
être désolé que	en	ne pas croire que	empêcher
être probable que	dès que	qui que	il se peut que

Premières phrases

Quand Pascal m'a raconté l'autre jour les projets que son père avait pour lui, je me suis enragée ... mais certes, sans révéler à Pascal mes émotions. Mais, plus tard, seule chez moi, j'ai commencé à analyser les désirs de M. Radin et ceux de Pascal. A ce moment-là, je ne pensais pas encore à mes propres souhaits.

Cinquième Chapitre

LA LIAISON

Exercices oraux: Bande 1

Activité 1: Phonétique--Les voyelles /u/ et /y/

Explication: La voyelle /u/, représentée dans la langue écrite par <u>ou</u>, ressemble à la voyelle anglaise dans le mot <u>food</u>. Mais attention! Cette voyelle française n'est pas diphtonguée: <u>ou</u>, <u>nous</u>, <u>soupe</u>.
     La voyelle /y/, représentée par la lettre <u>u</u>, n'a pas d'équivalent en anglais. Pour la former, prononcez la voyelle /i/, puis arrondissez et avancez les lèvres le plus possible: <u>tu</u>, <u>vue</u>, <u>fume</u>.

Répétez les paires de mots en notant la différence entre /u/ et /y/.

/u/	/y/	/u/	/y/
vous	vu	joue	jus
nous	nu	roue	rue
tout	tu	pousse	puce
sous	su	sourd	sur
loup	lu	pour	pur
bout	bu	au-dessous	au-dessus

Répétez les mots et les phrases que vous entendrez. Attention à la tension vocalique.

foule	roulettes	pull
mousse	pelouse	lunettes
doute	une	buffet
cour	cubes	voiture

Pouvez-vous toujours ouvrir la bouche quand vous le voulez?
Salut, Jean-Luc! As-tu vu le tableau sur le mur?

Regardez dans votre cahier. Vous allez entendre des mots ayant le son /u/ ou /y/. Entourez d'un cercle le son que vous entendez.

You hear: vous
You circle: (/u/)   /y/

1. /u/   /y/   4. /u/   /y/

2. /u/   /y/   5. /u/   /y/

3. /u/   /y/   6. /u/   /y/

Exercices oraux: Bande 1

7. /u/   /y/   9. /u/   /y/

8. /u/   /y/   10. /u/   /y/

Maintenant, regardez dans votre cahier. A chaque numéro que vous entendrez,
dites le mot ou la phrase qui y correspondent.

    1. sud   4. couché
    2. dispute   5. au-dessus
    3. sous-sol   6. Le juge a couru quand il a vu la foule.

Activité 2: Dialogue--Les Cousins

Activité 3: Compréhension

Vous allez entendre dix phrases à propos du dialogue. Déterminez si chaque
phrase est vraie ou fausse et marquez V ou F dans votre cahier. Vous entendrez
chaque phrase deux fois.

1. _____   3. _____   5. _____   7. _____   9. _____

2. _____   4. _____   6. _____   8. _____   10. _____

Activité 4: Subjonctif, indicatif ou infinitif

Réagissez à ce que vous entendez à l'aide des mots suggérés dans votre cahier.
Utilisez le subjonctif, l'indicatif ou l'infinitif.

    Modèle: Oh, je regrette

You hear: Nous avons perdu le match.
You say: **Oh, je regrette que vous ayez perdu le match.**
You hear: Moi aussi, je regrette que vous ayez perdu le match.

1. Oh, non, je suis désolé(e)   9. Il me semble
2. Mais si. Il faut   10. L'avion est trop cher. Il vaut mieux
3. Oh, c'est bien dommage   11. Personnellement, je ne pense pas
4. J'espère   12. Oui, je veux bien
5. Parce qu'on ne m'a pas demandé   13. Oui, on veut
6. Comment! Mais il est important   14. Oui, je leur avais bien dit
7. Oui,oui, je suis sûr(e)   15. Oui, il est probable
8. Oui, il est possible   16. Oui, cette fois je pense

Activité 5: Les prépositions avant et après

Répondez négativement aux questions sur les activités de Janine d'après les renseignements donnés. Ensuite parlez de vos propres activités.

    Modèle: Elle a fini ses devoirs.

You hear: Est-ce que Janine a fini ses devoirs avant de manger?
You say: Non, elle a fini ses devoirs après avoir mangé.
You hear: Après avoir mangé. Et toi?
You say: Moi aussi, j'ai fini mes devoirs après avoir mangé ou Moi, j'ai fini mes devoirs avant de manger.
You hear: Moi aussi, j'ai fini mes devoirs après avoir mangé.
           Moi, non. J'ai fini mes devoirs avant de manger.

    1. Elle a fait sa toilette.
    2. Elle a pris son petit déjeuner.
    3. Elle s'est brossé les dents.
    4. Elle a fini son travail.
    5. Elle a vu ses amis.

Activité 6: Les prépositions et les conjonctions

Complétez les conversations suivantes à l'aide des mots suggérés dans votre cahier.

    Modèle: mon frère: quitter la maison

You hear: Mon frère va téléphoner.
You hear: Ah, bon. Quand?
           Avant de ...
You say: Avant de quitter la maison.
You hear: Ah, il va téléphoner avant de quitter la maison.

    Modèle: ma sœur: n'avoir plus de fièvre

You hear: Ma sœur est malade. Elle doit rester au lit.
You hear: C'est dommage. Pendant combien de temps?
           Jusqu'à ce que ...
You say: Jusqu'à ce qu'elle n'ait plus de fièvre.
You hear: Ah, elle doit rester au lit jusqu'à ce qu'elle n'ait plus de fièvre.

    1. mes cousins: avoir beaucoup de travail
    2. les autres: voir le défilé
    3. les enfants: pouvoir aller au cinéma
    4. son petit ami: arriver
    5. il: faire beau
    6. les visiteurs: partir
    7. ma sœur: rentrer
    8. mon frère: aller en Suisse

Activité 7:   Phrases avec <u>si</u>

Dites ce que vous ferez à certaines conditions à l'aide des mots suggérés dans votre cahier.   Utilisez le futur ou le conditionnel.

Modèle: aller à la plage / rester à la maison / le temps—être couvert

You hear: Qu'est-ce que tu feras s'il fait beau demain?
You say: **J'irai à la plage.**
You hear: Ah, tu iras à la plage.   Et s'il pleut?
You say: **Je resterai à la maison.**
You hear: Tu resteras à la maison.   Tu n'iras donc pas au cinéma?
You say: **Si.   J'irai au cinéma si le temps est couvert.**
You hear: Ah, si le temps est couvert, tu iras au cinéma.

1. faire une promenade sous la pluie / faire du ski / il / faire très froid

2. acheter un petit transistor / dîner dans un bon restaurant / je / gagner à la loterie nationale

3. se promener / sonner à la porte / je / être en retard

4. se recoucher / se lever tout de suite / je / se réveiller à 8h

5. goûter des vins français / faire du ski dans les Alpes / je / pouvoir aller en Italie

Cinquième Chapitre

LA LIAISON

Exercices oraux: Bande 2

Activité 1: Phonétique--La liaison

Explication: La liaison se fait entre une consonne finale (normalement non prononcée) et la voyelle qui commence le mot suivant.

En faisant la liaison, il faut prononcer la consonne comme si elle faisait partie du mot suivant.

      ils sont allés   /il sɔ̃ tale/

La liaison est parfois accompagnée d'un changement de prononciation. Par exemple:

s et x se prononcent /z/	Exemple:	trois hommes, six ans
d se prononce /t/	Exemple:	quand il
f se prononce /v/	Exemple:	neuf heures
er se prononce /er/	Exemple:	le premier homme

Les liaisons obligatoires sont celles qu'il faut toujours faire.

Il faut toujours faire la liaison:

1.   entre le déterminant ou l'adjectif et le nom

    les amis   un petit enfant

2.   entre le pronom personnel et le verbe

    vous avez   viendront-ils?

3.   entre le verbe être et l'adjectif qui suit

    c'est impossible

4.   après une préposition ou un adverbe monosyllabique

    dans une heure   très important

Les liaisons interdites sont celles qu'on ne fait jamais. Il ne faut pas faire la liaison dans les cas suivants:

Exercices oraux: Bande 2

1. devant un h aspiré:

les / héros   en / haut
mais: les‿hommes   six‿heures

2. devant le mot oui:

mais / oui

3. devant les chiffres un, huit, onze:

quatre-vingt- / un
trois cent / huit
vers les / onze heures

4. après le mot et:

toi et / elle   et / ils cherchent

5. après un nom singulier:

un repas / excellent   le magasin / est fermé

6. après un nom propre:

Jean / écoute   Londres / aussi

Toutes les autres liaisons sont facultatives—c'est-à-dire qu'on peut les
faire, mais elles ne sont pas obligatoires. En général, on ne les fait pas dans
la conversation de tous les jours; mais plus le style est soigné (formal), plus
on a tendance à les faire.

Répétez les mots suivants en faisant attention aux liaisons obligatoires:

un‿ours   un grand‿amour   vous‿êtes
des‿étudiants   au premier‿étage   elles‿habitent
cet‿éléphant   nos‿anciens‿amis   on‿écoute
mon‿oncle   en plein‿air   cherchent-ils

ils‿y sont   sans‿elle   c'est‿évident
je les‿attends   chez‿eux   elle est‿amoureuse
on‿en‿a   en‿automne
                   bien‿étrange
                   trop‿enthousiaste

Maintenant, répétez les mots suivants en faisant attention aux liaisons
interdites.

les / haricots verts   toi et / elle
il est / haut   et / ils pensent
les / hors-d'œuvre   un soldat / italien
elles / haïssaient   un roman / extraordinaire

116

        cent / un   Louis / aime voyager
        quatre-vingt- / onze   Paris / ou Bordeaux
        vers les / huit heures

Regardez dans votre cahier. A chaque numéro que vous entendrez, dites le mot
ou la phrase correspondant.

    1. je vous attends   6. le train / est en gare
    2. et / après?   7. en / haut
    3. mes / héros   8. ses autres amis
    4. chez elle
    5. en ont-ils?

Activité 2: Histoire en images--Le Bourgeois gentilhomme

Reportez-vous à l'image 1 (p. 241). Monsieur Radin a accordé une interview
à un étudiant en sociologie qui s'intéresse au phénomène du mariage entre
jeunes et aux conséquences que le mariage a sur les parents. Jouez le rôle
de M. Radin et répondez aux questions de l'interviewer à l'aide des mots
suggérés dans votre cahier.

    Modèle: oui / prêt à répondre / n'importe quelle question

You hear: M. Radin, on m'a dit que votre fils venait d'épouser une jeune
           étudiante. Pourrais-je vous poser quelques questions à ce sujet et
           connaître vos réactions et vos sentiments?
You say: **Oui, je suis prêt à répondre à n'importe quelle question.**
You hear: Ah bon, vous êtes prêt à répondre à n'importe quelle question.

(image 1)
    1. absolument pas / vouloir que / terminer d'abord ses études
    2. bien sûr / proposer que / choisir / carrière dans le business
    3. ne rien me dire / me regarder / air sombre

(image 2)
    4. oui / deux jours plus tard / me dire / s'opposer à / mes projets
    5. vouloir / passer sa vie / dessiner
    6. si / devenir furieux / falloir / le menacer / changer mon testament

Activité 3: Au théâtre

Reportez-vous à l'image 3. Continuez à répondre aux questions de l'interviewer
à l'aide des mots suggérés dans votre cahier.

(image 3)
    1. oui / emmener mon fils / voir / pièce de
    2. vouloir que / il / s'intéresser à / culture traditionelle

   3. non / d'abord / ignorer sa présence
   4. non / voir simplement / photo / chambre de

(image 4)
   5. bien sûr / avoir l'air sérieux / mais / manquer de grâce / et surtout /
       vouloir devenir / homme de

   6. pas du tout / être / brave type / qui / ne pas avoir peur que / les
       autres / le trouver ridicule

   7. il / vouloir que / on / lui apprendre / à danser / à prononcer les / et /
       à faire de

   8. agiter son mouchoir / se mettre en garde / et / ouvrir la bouche toute
       grande

Activité 4: Un refus catégorique

Reportez-vous à l'image 5. Répondez aux questions posées à M. Radin au sujet
du Bourgeois gentilhomme à l'aide des mots suggérés dans votre cahier.

(image 5)
   1. non / M. Jourdain / être / père raisonnable / qui / vouloir que / fille
       épouser / homme riche

   2. être persuadé / il / devoir faire / bon mariage

   3. non, non et non! / être / femme de la bourgeoisie / que / devoir prendre
       le parti de / mari

   4. au contraire / trouver / scène très comique / me tordre de

   5. lui? / non / ne pas apprécier / humour de / scène

(image 7)
   6. en avoir assez / ne pas vouloir voir / homme respectable / être victime de /
       gendre indigne

   7. ah oui / être ravi que / fille / se marier avec / fils du

   8. ne pas être évident / ce / être / bonne fin

Activité 5: Une révélation

Reportez-vous à l'image 8. Répondez aux questions à l'aide des mots suggérés
dans votre cahier.

(image 8)
   1. Pascal et Sylvie / sortir / théâtre / ensemble

2. non / d'abord / être furieux / eux / et / vouloir empêcher / mariage / à tout prix

3. m'être caché / derrière / pilier

4. oui / Pascal / avoir / idée / s'enfuir avec

5. non / être / première fois / je / voir que / ils / être vraiment / l'un de l'autre

6. me voir / comme / diable / que / faire cuire / Pascal / broche

Activité 6: Exercice de compréhension

Vous allez écouter une émission telle qu'on en fait à la radio française. Le programme s'intitule Jean-Baptiste Modière, dit Poquelin. A la fin de l'émission on vous posera quelques questions pour voir ce que vous aurez compris. Avant de commencer, répétez les mots nouveaux: tapissier = "decorator, upholsterer"; comédien = "comic actor"; faire la moue = "to pout." Au cours de l'émission, vous entendrez une scène adaptée du Bourgeois Gentilhomme. Maintenant, écoutez.

Maintenant, les questions.

Vous allez entendre une série de questions à propos de l'émission que vous venez d'écouter. Chaque question est suivie de trois réponses possibles. Répondez à la question en entourant d'un cercle la lettre qui correspond à la meilleure réponse. Quand vous aurez terminé, vérifiez vos réponses en écoutant l'émission une seconde fois.

1. a   b   c

2. a   b   c

3. a   b   c

4. a   b   c

5. a   b   c

Sixième Chapitre

LES VOIX ET LES DISCOURS

Exercices écrits

STRUCTURES GRAMMATICALES

A. Construisez des phrases à partir des données suivantes. Faites tous les
    changements nécessaires et faites attention à l'accord du participe passé.
    (pp. 262-267)
    Les verbes réfléchis

    1. Nous / s'asseoir / près de la scène / de/où / nous / pouvoir regarder
    le spectacle / sans effort (passé composé — imparfait)

    _____

    _____

    2. Marie / se faire un shampooing / à / les œufs / avant de / aller / à /
    le théâtre / ce soir (futur)

    _____

    _____

    3. Vous / se couper / un morceau / de / jambon / pour se faire / un
    croque-monsieur (passé composé)

    _____

    _____

    4. Je / aller / se dépêcher / d'aller / à / le commissariat de police /
    parce que / je / ne pas vouloir / être en retard (présent — présent)

    _____

    _____

    5. Vous / devoir / se présenter / à / ce fonctionnaire / pour obtenir /
    votre carte d'étudiant (conditionnel)

    _____

    _____

Exercices écrits

Les verbes réciproques

6. Chaque fois que / ils / se disputer / s'insulter / l'un / l'autre
   (présent — présent)

   _____

   _____

7. Autrefois / elles / s'écrire / une lettre / par semaine (imparfait)

   _____

   _____

8. Chacun / étant / si / prétentieux / ils / ne jamais s'estimer (passé
   composé)

   _____

   _____

9. Elles / se hurler / des injures (passé composé)

   _____

   _____

Les verbes pronominaux à sens idiomatique

10. Dans le parc, les oiseaux / s'envoler / toujours / quand / on / s'en
    approcher (présent — présent)

    _____

    _____

11. Tu / ne jamais se moquer / de Maurice (imparfait)

    _____

    _____

12. Incroyable! / Les enfants / se taire / pendant quatre heures (passé
    composé)

    _____

    _____

13. Je / se servir / de / un bâton / pour défendre tout le monde / si /
    il / le falloir (futur — présent)

    _____

    _____

122

14. Autrefois / nous / se connaître bien / en / théâtre d'avant-garde
(<u>imparfait</u>)

_____

_____

B. Traduisez les phrases suivantes en français. (p. 267)

1. She was stretched out on the sofa in front of the fireplace and he was
seated in the armchair near the entrance.

_____

_____

2. All of Parisian society was hurrying to the theater to buy seats in the
orchestra.

_____

_____

3. When they looked at each other, she thought he was a snob and he thought
she was very pretentious.

_____

_____

4. She took a seat in the balcony without telling me.

_____

5. After I got up, I dressed quickly, washed my face and hands and left the
apartment without eating breakfast.

_____

_____

_____

6. We were all supposed to reassemble in front of the theater, but we got
lost in the subway.

_____

_____

7. Don't get embroiled (tu) in his problems, he will only complain about your efforts to help him.

   _____

   _____

8. She arrived late because she had been wrong about the time of the performance.

   _____

   _____

9. Wash (tu) your hands before doing the dishes

   _____

10. The two monks (moine, m.) blessed each other, whispered to each other, and left the church.

    _____

    _____

11. They (ils) told each other that they would not get drunk (s'enivrer) if they drank the bottle of champagne.

    _____

    _____

12. Don't confide (vous) in her if she isn't interested in what you are doing.

    _____

    _____

13. After the false Turks had made fun of M. Jourdain, the latter stood up, dusted himself off, and scratched his head.

    _____

    _____

14. Comb (tu) your hair and brush your teeth; but don't shave, you don't have enough time to do it.

    _____

    _____

C. Transformez les phrases actives en phrases passives. Faites attention à
   l'emploi de par et de de. (pp. 268-271)

   Modèle: L'enfant jettera la pierre.
            La pierre sera jetée par l'enfant.

   1. Le moine a béni le bouffon.

      _____

   2. Le roi occupera le trône jusqu'à sa mort.

      _____

   3. Le metteur en scène a loué ces meubles pour la pièce.

      _____

   4. Les paysans détestaient le roi.

      _____

   5. Le roi avait rassemblé ses conseillés militaires.

      _____

   6. Marie les a regardées fixement.

      _____

   7. Le décor recouvrait toute la scène.

      _____

   8. D'abord, le patron récompensera les employés.

      _____

   9. Le gouverneur prendra cette décision.

      _____

   10. Cette nouvelle pièce d'Arrabal nous a ravis.

      _____

   11. Le professeur Touffait réalisera ce projet énorme.

      _____

   12. Les surréalistes ont inventé les <<objets trouvés>>.

      _____

13. Cette chanson la charme chaque fois qu'elle l'entend.

14. Est-ce que cet homme vous a embêté?

D. Transformez les phrases passives en phrases actives. (pp. 268-271)

1. La tête de M. Jourdain était coiffée d'un turban.

2. Le jeune couple est respecté de M. Radin.

3. Un nouveau toast sera proposé aux jeunes gens.

4. Nous sommes enchantés de cette rhapsodie espagnole.

5. La vie de la victime avait été sauvée par l'inspecteur.

6. Elle serait très choquée de leur attitude.

7. La victoire a été remportée par Cléonte et son valet.

8. Les actions de M. Jourdain n'étaient pas approuvées de la plupart des spectateurs.

9. Des danses seront exécutées par les faux Turcs vers la fin de la pièce.

10. Les comédiens ont été applaudis avec enthousiasme par le public animé.

_____

E. Traduisez les phrases suivantes en français en évitant la voix passive.
(p. 269)

1. All these cartoons were drawn by the same cartoonist.

_____

_____

2. Spanish isn't spoken in that boutique. (voix pronominale)

_____

_____

3. Isn't it necessary for the will to be changed before the end of the year?

_____

_____

4. Although the house will be built before January, it will not be lived in immediately.

_____

_____

5. All our flowers are picked each day. (voix pronominale)

_____

_____

6. These packages have been sent by our friends.

_____

7. The questions will be answered by the students.

_____

8. I hope that the fire will be put out by the firemen (pompier, m.).

_____

Exercices écrits

9. A subject is used with all conjugated verbs in French except with the
imperative.

_____

_____

10. The marriage will be announced to the guests soon.

_____

11. That is understood easily. (voix pronominale)

_____

12. The comedy has been presented by the Tréteau de Molière.

_____

13. Sausages are sold in a charcuterie. (voix pronominale)

_____

14. One day, that father will be loved by his children.

_____

15. The fire was started in the barn.

_____

16. The village was located in the mountains. (voix pronominale)

_____

F. Transformez les phrases suivantes du style direct au style indirect. Faites
attention aux pronoms. (p. 272)

Modèle: Marie a dit à Paul: <<Je passe te prendre devant chez toi à deux
heures.>>
Marie a dit à Paul qu'elle passerait le prendre devant chez lui à
deux heures.
1. Jacques leur a dit: <<Je crois que nous nous sommes trompés de route.>>

_____

_____

2. <<Il fera beau demain et cela me mettra de bonne humeur,>> avait déclaré Yvette.

_____

_____

3. Nancy répond: <<Je vais profiter de mon séjour à Paris si Anne ne m'énerve pas trop.>>

_____

_____

4. Je lui ai demandé: <<De qui est-ce qu'elle doute et à qui est-ce qu'elle se fie?>>

_____

_____

5. Le jeune homme a constaté: <<J'ai lié conversation avec elle quinze minutes après l'avoir vue pour la première fois.>>

_____

_____

6. Elle se demande: <<Qu'est-ce que le porteur a mis dans la soute à bagages?>>

_____

_____

7. Je lui ai dit: <<Xavier est si timide que si une jeune fille ne lui parle pas la première, il ne veut pas faire sa connaissance.>>

_____

_____

8. <<Pourquoi faut-il que nous fassions toujours la queue?>> a-t-il demandé.

_____

_____

9. Elles pensent: <<Bien sûr, nous trouverons une belle chambre spacieuse à louer à Paris.>>

_____

_____

10. <<Lequel de ces deux foulards lui plaira le plus?>> me suis-je demandé.

_____

_____

11. <<A qui as-tu demandé tous ces renseignements? A Anne?>> lui a-t-il demandé.

_____

_____

12. Le père pensait: <<Si je menace mon fils de le déshériter, il fera ce que je veux.>>

_____

_____

13. Alice m'a demandé: <<Qui t'a donné mon adresse à Paris?>>

_____

_____

14. <<Nous avons acheté tous ces vêtements en solde,>> m'ont-ils dit.

_____

_____

15. <<Où est-ce que je pourrai changer de l'argent dimanche?>> m'a-t-il demandé.

_____

_____

16. Avant de quitter l'appartement, mon frère m'a dit: <<J'achèterai le déjeuner à l'épicerie du coin.>>

_____

_____

17. <<Cela fait cinq ans que tu apprends le français, mais tu auras quand même des problèmes linguistiques quand tu iras en France,>> lui a-t-il dit.

_____

_____

G. Reportez-vous au dialogue de la page 261 et complétez les phrases suivantes écrites au style indirect d'après le dialogue. (p. 272)

Quand Robert a retrouvé Donald dans le jardin public, il lui a dit qu'il <u>avait lu</u> dans le journal qu'on <u>avait arrêté</u> le fils de Mme Lemaire.

1. Donald a répondu que ce _____ possible, qu'il _____

   _____ quand il _____ jeune et qu'il _____ bon
   comme du pain.

2. Robert a conseillé à Donald qu'il _____ se fier aux

   apparences et que ce fils _____ comme un arracheur de dents.

3. Donald voulait savoir comment sa sœur _____, puis il s'est

   rappelé qu'elle _____ Simone.

4. Robert a ajouté qu'elle _____ avec le frère de Mme Allair

   qui _____ bête comme ses pieds.

5. Donald le savait et a riposté que c'_____ compréhensible

   puisque cette jeune femme _____ laide à faire peur.

6. Robert était d'accord, mais il a noté qu'elle _____ un

   cœur d'or et qu'elle _____ en quatre pour aider quelqu'un.

7. Donald voulait savoir pourquoi on la _____ toujours chez
   les demoiselles Vauban.

8. Robert lui a expliqué que toutes les trois _____ comme des
   pies.

9. Ensuite, Donald a changé de sujet quand il a demandé à Robert si sa

   sœur _____ de retour.

10. Robert a répondu que non. Donald lui a dit qu'il avait posé la question

    parce qu'il _____ bien lui dire deux mots et qu'il la

    _____ très gentille, mais aussi un peu aigre.

11. Robert lui a expliqué que c'_____ à cause de son mari qui

    _____ comme un trou depuis des années.

12. Donald voulait savoir _____ il _____ dans la
    vie.

13. Robert a constaté qu'il _____ dans les affaires où il

    _____ un argent fou.

14. Puis, Donald a demandé _____ ils _____ des
    enfants.

15. Robert a encore répondu que non et qu'il ne _____ plus que
    ça.

16. Enfin, Donald a annoncé qu'il _____ une faim de loup et

    voulait savoir _____ Robert _____ quelque
    chose.

17. Robert a dit qu'il y _____, lui aussi, et qu'il _____

    _____ bien.

18. Donald a noté que les grands esprits _____.

132

EXPRESSIONS IDIOMATIQUES

H. Employez une fois dans une phrase une expression idiomatique choisie dans la
    liste d'expressions présentée ci-dessous:

se rendre compte de	entendre parler de	valoir la peine de
prétendre	échapper à	s'en aller
manquer	s'échapper de	l'un ... l'autre
entendre dire que		

1. Si Alphonse _____ être trop fatigué, je pourrai y
    aller à sa place. (présent)

2. Si tu _____ lui, dis-moi ce que l'on a dit. (passé
    composé)

3. Paul et Virginie? Oh, ils se fâchent toujours _____ contre

    _____.

4. Il nous a raconté plusieurs anecdotes comiques, mais, comme toujours,

    ces anecdotes nous _____. (présent)

5. _____ ce qui lui manque, la pauvre! Il ne lui reste
    pas assez de pain même pour prendre le casse-croûte. (impératif-tu)

6. Ils ne veulent pas _____ leur prison. Ils sont
    satisfaits là où ils se trouvent. (infinitif)

7. Je ne crois pas qu'il _____ lire ce roman. (présent
    du subjonctif)

8. Ce n'est pas très gentil de ta part de lui dire de _____
    quand tu sais qu'il veut rester. (infinitif)

9. Nous _____ tu ne voulais pas nous accompagner à
    Biarritz. Est-ce vrai? (passé composé)

10. Si tu _____ ton train, ne te préoccupe pas, il y en
    a toutes les dix minutes. (présent)

réaliser	manquer à	le moment
attendre	ce n'est pas la peine que	penser à
s'attendre à ce que	l'époque	servir à
manquer de		

11. Je _____ les deux vieillards se jettent par la
    fenêtre. Etais-tu aussi surpris que moi? (imparfait)

Exercices écrits

12. Ce qui t'_____ toujours _____, une lavalière! (passé composé)

13. Moi, je _____ ces affiches contradictoires que nous avons vues au théâtre hier soir. (imparfait)

14. _____ quoi _____ tous ces calculs? (présent)

15. A cette _____-là, il n'était qu'un cabotin.

16. _____ tu me répètes les mêmes excuses. Je ne te croirai jamais.

17. Dites-moi le _____ de son arrivée.

18. Je crois vraiment qu'André ne veut pas _____ ses projets. Il aime seulement y rêver. (infinitif)

19. C'est un type qui _____ quoi faire rire.

20. S'ils les _____ plus longtemps, ils les auraient vues avant qu'elles ne partent. (plus-que-parfait)

rejoindre	s'attendre à	faire la
fixer un rendez-vous	avoir ... à	connaissance (de)
ce n'est pas la peine de	valoir mieux (que)	rencontrer
manquer à		retrouver

21. Il _____ les Tiger se mettent à faire leurs préparatifs bien avant leur départ. Sinon, ils seront paniqués. (présent).

22. Montre-moi la jeune fille dont tu _____ au café hier soir. (passé composé)

23. A quelle heure est-ce que nous _____ pour rencontrer Marcel? (conditionnel)

24. Donc, c'est entendu, nous allons nous _____ à l'arrêt d'autobus à trois heures. (infinitif)

25. Il _____ changer de rôle dramatique la semaine prochaine. J'espère qu'il sera prêt. (présent)

COMPOSITION DIRIGEE: PAS DE CHANCE

I.   Imaginez que vous connaissez bien Didier et que vous venez de le rencontrer
     au Café Sans Souci. Il vous a raconté ce qui lui est arrivé depuis le
     trente décembre. En vous inspirant des images de Pas de chance (p. 291),
     écrivez ce qu'il vous a raconté. Faites attention à la voix active et à la
     voix passive, et employez les expressions suivantes: se rendre compte de,
     s'échapper de, ce n'est pas la peine, entendre dire que, manquer à,
     manquer de. Prenez une feuille de papier pour écrire votre essai. Si vous
     le désirez, utilisez l'introduction suivante:

        Tu connais ce drôle de type, Didier. Eh bien, je vais te raconter tout ce
qu'il m'a dit l'autre jour au café. Figure-toi qu'il a hérité d'une grosse
somme d'un oncle qui habitait à Marrakech. Alors, écoute! Didier m'a raconté
qu'il était dans sa cuisine le trente décembre en train de calculer ses impôts
après avoir passé toute la nuit à étudier ses factures...

Sixième Chapitre

LES VOIX ET LES DISCOURS

Exercices oraux: Bande 1

Activité 1: Phonétique--Les voyelles nasales

<u>Explication</u>: Il y a quatre voyelles nasales en français:

/ ã /   en   / ɔ̃ / on   / ɛ̃ / ain   /œ̃ / un
          an   in
                                                    ein
                                                    ien

Bien que la marque écrite des nasales soit les lettres <u>n</u> ou <u>m</u>, <u>il ne faut</u> pas prononcer ces consonnes.

La première de ces deux voyelles, / ã /, se prononce la bouche grande ouverte; la seconde, / ɔ̃ /, les lèvres arrondies et légèrement avancées: / ã / <u>temps</u>, / ɔ̃ / <u>ton</u>.
En français moderne, on a tendance à prononcer les voyelles nasales / ɛ̃ / et / ɛ̃ / de la même façon. Néanmoins, il y a une distinction: / ɛ̃ / se prononce les lèvres écartées, /œ̃ /, la bouche assez ouverte: / ɛ̃ / <u>main</u>, /œ̃ / <u>lundi</u>.

Répétez les mots suivants en faisant attention de ne pas prononcer le <u>m</u> ou le <u>n</u>:

an	sans	on	lion
vent	penser	non	tomber
gens	enfermé	font	monter

banc – bon	pain	loin
sang – son	vin	un
lent – long	bien	chacun
dent – dont	italien	aucun
chanson	singe	parfum
menton		

un bon pain blanc
onze cent vingt et un
Chacun contemple la grande blonde mince.

Regardez dans votre cahier. Vous allez entendre des mots ayant chacun une voyelle nasale. Entourez d'un cercle la voyelle que vous entendez.

You hear: temps
You circle: /ã/   / ɔ̃ /   / ɛ̃ /   /œ̃ /

1. / ã /   / ɔ̃ /   / ɛ̃ /   /œ̃ /   2. / ã /   / ɔ̃ /   / ɛ̃ /   /œ̃ /

3. /ã/   /ɔ̃/   /ɛ̃/   /œ̃/   7. /ã/   /ɔ̃/   /ɛ̃/   /œ̃/

4. /ã/   /ɔ̃/   /ɛ̃/   /œ̃/   8. /ã/   /ɔ̃/   /ɛ̃/   /œ̃/

5. /ã/   /ɔ̃/   /ɛ̃/   /œ̃/   9. /ã/   /ɔ̃/   /ɛ̃/   /œ̃/

6. /ã/   /ɔ̃/   /ɛ̃/   /œ̃/   10. /ã/   /ɔ̃/   /ɛ̃/   /œ̃/

Regardez dans votre cahier. A chaque numéro que vous entendrez, dites le mot correspondant.

1. pardon   4. intéressant
2. changer   5. longtemps
3. jardin   6. un pantalon

Activité 2: Dialogue--Qui se ressemble s'assemble

Activité 3: Compréhension

Vous allez entendre dix phrases à propos du dialogue. Déterminez si chaque phrase est vraie ou fausse et marquez V ou F dans votre cahier.

1. _____   3. _____   5. _____   7. _____   9. _____

2. _____   4. _____   6. _____   8. _____   10. _____

Activité 4: Les verbes pronominaux

Donnez une réplique en suivant le modèle.

Modèle 1

You hear: Est-ce que Jean s'est levé quand tu es entré(e)?
You say: Non, il était déjà levé.
You hear: Ah, non. Il était déjà levé.

Modèle 2

You hear: Tu n'es pas encore levé(e)?
You say: Non, je n'ai aucune intention de me lever.
You hear: Moi non plus, je n'ai aucune intention de me lever.

Modèle 3

You hear: Dites à Georges de se reposer.
You say: **Georges, repose-toi.**
You hear: Oui, repose-toi.
           Alors, il s'est reposé?
You say: **Non, il ne veut pas se reposer.**
You hear: Comment! Il ne veut pas se reposer! Alors dites-lui de ne pas se
           reposer.
You say: **Eh bien, ne te repose pas.**
You hear: Oui, c'est ça. Ne te repose pas.

Modèle 4

You hear: Est-ce que tu vois Hélène toutes les semaines?
You say: **Oui, nous nous voyons une ou deux fois par semaine.**
You hear: Vous vous voyez une ou deux fois par semaine? C'est très bien.

Activité 5: La voix passive

Regardez la liste d'événements historiques dans votre cahier. Vous allez
entendre des déclarations fausses au sujet de ces événements. Corrigez chaque
phrase en vous servant de la liste. Utilisez la voix passive.

   Modèle: 58 avant Jésus-Christ Les Romains ont envahi la Gaule.

You hear: Les Romains ont envahi la Gaule en 75 avant Jésus-Christ.
You say: **Mais non, la Gaule a été envahie par les Romains en 58 avant
           Jésus-Christ.**
You hear: C'est ça. La Gaule a été envahie par les Romains en 58 avant
           Jésus-Christ.

Quelques événements historiques français

1.	451 après Jésus-Christ	Sainte-Geneviève a sauvé la ville de Paris.
2.	732	Charles Martel a battu les Arabes à Poitiers.
3.	1245	On a fini la construction de la cathédrale de Notre-Dame.
4.	1429	Jeanne d'Arc a fait sacrer Charles VII à Reims.
5.	1685	On a révoqué l'édit de Nantes.
6.	1793	Charlotte Corday a assassiné Marat.
7.	1815	On a exilé Napoléon à l'île de Sainte-Hélène.
8.	1919	On a signé le traité de Versailles.
9.	1940	Les Allemands ont envahi la France.
10.	1958	On a élu de Gaulle président de la Ve République.

Activité 6: Questions à la voix active et à la voix passive

Vous parlez avec un guide au château de Chenonceaux. Posez-lui des questions à l'aide des mots suggérés dans votre cahier. Utilisez la voix active ou la voix passive.

Modèle: qu'est-ce que / on / aller voir

You hear: Nous voici à Chenonceaux.
You say: **Qu'est-ce qu'on va voir?**
You hear: On va voir le château.

Modèle: par qui est-ce que / ces tableaux / être peints

You say: **Par qui est-ce que ces tableaux ont été peints?**
You hear: Ils ont été peints par Clouet.

1. quand est-ce que / on / faire construire Chenonceaux
2. par qui est-ce que le château / être construit
3. comment est-ce que / on / appeler ce style
4. par quoi est-ce que ce style / être caractérisé
5. où est-ce que / on / pouvoir voir des châteaux-forts
6. où / se trouver / Carcassonne
7. de quoi est-ce que les châteaux-forts / être entourés
8. pourquoi est-ce que les fossés / être remplis d'eau
9. pourquoi est-ce que cela / ne plus se faire
10. comment est-ce que / on / changer l'apparence des châteaux
11. avec quoi est-ce que / on / les décorer

Sixième Chapitre

LES VOIX ET LES DISCOURS

Exercices oraux: Bande 2

Activité 1: Phonétique--Voyelles nasales et voyelles orales

Explication: Une voyelle est nasale lorsqu'elle est suivie de n ou de m à la fin d'un mot ou lorsqu'elle est suivie de n ou de m plus une consonne prononcée. Dans ces cas-là, le n ou le m ne se prononcent pas; par exemple: on, faim, tante, ombre.
Lorsque les consonnes n et m sont doubles ou sont suivies d'une voyelle, le n et le m se prononcent; par exemple: ennemi, homme, animal, amer.
Répétez les mots suivants en faisant attention à la prononciation des voyelles nasales et des voyelles orales.

bon – bonne	vient – viennent	important – imiter
quand – Cannes	mien – mienne	instant – inattendu
Jean – Jeanne	chacun – chacune	enterrer – ennemi

Regardez dans votre cahier. A chaque numéro que vous entendrez, dites le mot qui y correspond.

1. ordonner
2. embêter
3. femme
4. innocent
5. Jean
6. imagination

Activité 2: Histoire en images--Pas de chance

Reportez-vous à l'image 2, page 291 dans votre livre. La patronne du café Sans Souci parle avec un client au sujet de Didier. Jouez le rôle de la patronne et répondez aux questions du client à l'aide des mots suggérés dans votre cahier.

Modèle: non / vous rappeler / jour où / offrir la tournée / champagne / tout le monde

You hear: Bonjour, Angélique. Un pastis, s'il vous plaît. Dites, on ne voit plus Didier ici. Il n'a plus l'habitude de fréquenter ce café, hein?
You say: **Non. Vous vous rappelez le jour où il a offert la tournée de champagne à tout le monde?**
You hear: Bien sûr, je me rappelle le jour où il a offert la tournée de champagne à tout le monde.

1. oui / se faire faire / costume de soirée
2. oh / vouloir / smoking / avec / nœud papillon / et / œillet à / boutonnière

3. une seule fois / je / passer / Clouseau et fils / Didier / être debout
   en costume / et / Clouseau / être à genou / faire / ourlet

(image 3)

4. si / se rendre tout de suite / garagiste / acheter / voiture de / tout
   neuve
5. m'en dire des nouvelles! / Didier / dépenser / fortune
6. non / payer toujours en
7. pas du tout / avoir / énorme bateau à moteur / amarré à / port de
   plaisance / près de Marseille

Activité 3: Un nouvel appartement

Reportez-vous à l'image 4, page 295 dans votre livre. Toujours dans le rôle de la
patronne, continuez votre conversation avec le client à l'aide des mots suggérés
dans votre cahier.

1. non / déménager / et / habiter / grand appartement / 9 pièces / qui /
   donner sur / jardin du Luxembourg
2. je / avoir / beau-frère / qui être livreur / et / qui / livrer
   énormément / meubles / chez
3. oui / Didier / porter / veste à carreaux très chic / et / étudier /
   catalogues / aménagement intérieur
4. maintenant / Didier / être expert / meubles / baffles / sculptures /
   et ... / sports d'hiver

(image 5)

5. oui / acheter / tous les appareils nécessaires / anorak / bâtons /
   et / lunettes de / même / salopette
6. louer / appartement dans les Alpes / faire du ski de
7. il / y passer / trois bonnes semaines / jusqu'à ce que / son amie /
   se blesser
8. non / seulement un mois / et après / il / vouloir / passer / mois /
   Paris

Activité 4: Les inconvénients d'être riche

Reportez-vous à l'image 6, page 299 dans votre livre. Répondez au client à l'aide
des mots suggérés dans votre cahier.

1. oui / sauf que / tout le monde / réclamer / argent
2. son frère / vouloir que / neveu de Didier / faire ses études /
   Etats-Unis
3. tous ses amis / l'assommer / recommandations
4. l'inciter / acheter / actions en bourse / assurances / et surtout /
   faire / investissements
5. peut-être mais / tu / le connaître / Didier / aimer faire / bienfaiteur
6. non / mais dans le métro / être assis / pickpocket

7. quand / Didier / monter / wagon / avoir / portefeuille / poche de sa
    veste; / quand / en descendre / poche / être vide
8. réfléchis un peu! / Didier / avoir toujours / air riche / tous les
    mendiants / l'aborder

Activité 5: Les jeux sont faits

Reportez-vous à l'image 7. Continuez la conversation à l'aide des mots suggérés
dans votre cahier.

1. pas du tout / Didier / gaspiller déjà tout
2. à la longue / il / se fatiguer / fortune
3. il / aller / casino / et / miser / presque tout / fortune / la
    couleur rouge
4. oui / il / donner tout / croupier / qui / faire tourner / roulette

(image 8)
5. il / aller / restaurant très chic / et / s'offrir / festin
6. profiter de / dernières heures / homme riche

(image 9)
7. si / je / le voir / rapporter / affaires
8. oh / il / penser à / cette vie / en / sourire

Activité 6: Exercice de compréhension

Vous allez entendre la lecture d'une petite scène dramatique, intitulée Les
Liaisons, qui a lieu pendant un cours de français. Ensuite, on vous posera des
questions à propos de la scène. Avant de commencer, répétez les mots nouveaux:
séduire = "to seduce"; romanesque = "romantic"; un philtre magique = "a magic
potion"; dévorer = "to devour"; languir = "to pine (for)." Les œuvres et les
auteurs mentionnés dans cette scène sont: Les Liaisons dangereuses, Tristan et
Iseut, Hiroshima mon amour, Racine, Ronsard, Baudelaire, Marguerite Duras et Alain
Resnais.

Maintenant, les questions.

Vous allez entendre une série de questions à propos de la scène que vous venez
d'écouter. Chaque question est suivie de trois réponses possibles. Répondez à
la question en entourant d'un cercle la lettre qui correspond à la meilleure
réponse. Quand vous aurez terminé, vérifiez vos réponses en écoutant la scène
une seconde fois.

1. a   b   c   5. a   b   c

2. a   b   c   6. a   b   c

3. a   b   c   7. a   b   c

4. a   b   c   8. a   b   c

Septième Chapitre

LA SUBSTITUTION

Exercices écrits

STRUCTURES GRAMMATICALES

A. Remplacez les mots soulignés par un pronom complément d'objet direct. (p. 310)

1. Ce brave type veut traverser la Manche à la nage.

   _____

2. Le chef a créé les spécialités que vous voyez là.

   _____

3. Maurice n'a pas raconté l'histoire à Janine.

   _____

4. Le sommelier surveille toujours les garçons de restaurant de loin.

   _____

5. Ne dépensez pas vos derniers sous!

   _____

6. Jacques essaie d'empêcher ses petites sœurs d'aller voir ce film.

   _____

7. Le chef d'orchestre ne dirigeait pas bien les musiciens.

   _____

8. Il savait bien son métier.

   _____

9. Si vous maltraitez vos amis, ils se vengeront.

   _____

10. Il a vu souffrir le pauvre malade.

    _____

Exercices écrits

B. Remplacez les mots soulignés par un pronom complément d'objet indirect.
    (pp. 312-318)

    1. Elles ont répondu à leurs frères.

    _____

    2. On a offert un festin à ce jeune couple.

    _____

    3. Ils n'ont pas indiqué le chemin. (à nous)

    _____

    4. Le conservateur du musée a livré la caisse au maître du château.

    _____

    5. Il demande à ses parents de ne pas faire attention à ce qu'il fait.

    _____

    6. Je veux mettre un pansement (bandage) au bébé qui s'est coupé le doigt.

    _____

    7. Quelqu'un a téléphoné à nos amis.

    _____

    8. On vient de dire la vérité. (à moi)

    _____

    9. Pourquoi est-ce que tu ne donnes pas ces bonbons aux enfants?

    _____

    10. Il va envoyer le billet doux à sa fiancée.

    _____

C. Remplacez les mots soulignés par les pronoms y ou en. (p. 312)

    1. Il fouillait dans le bureau pour retrouver ses billets doux.

    _____

    2. Est-ce que tu as besoin de cette corde?

    _____

146

3. Il aime beaucoup jouer <u>de l'accordéon</u>.

_____

4. Ils s'approchent lentement <u>du château</u>.

_____

5. Marie se dirige <u>vers la cuisine</u>.

_____

6. Ces marins sont venus <u>d'Angleterre</u>.

_____

7. C'est un drôle de type qui répond <u>à vos questions</u>.

_____

8. Il ne veut pas boire <u>de cognac</u> après le dîner.

_____

9. Nous avons enterré la caisse <u>dans le bois</u>.

_____

10. Elle a mis la boîte de bonbons <u>sur l'étagère</u>.

_____

11. L'enfant a aussi laissé des traces <u>sur le tapis</u>.

_____

12. Je ne me souviens jamais <u>de son nom</u>.

_____

13. Il a reconnu pas mal <u>de gens</u> à la soirée.

_____

14. Ne contracte pas <u>de dettes</u> ce mois-ci!

_____

Exercices écrits

D. Remplacez les mots soulignés par le ou les pronoms qui conviennent.
(pp. 310-315)

1. Marie fait attendre Georges depuis deux heures.

   _____

2. Ne va pas au théâtre cet après-midi.

   _____

3. Il écoutera la radio avec Suzanne.

   _____

4. Combien de cousins est-ce que tu as?

   _____

5. Il a fouillé dans sa valise, mais il n'a pas trouvé leurs passeports.

   _____

6. As-tu vu tes amis hier soir?

   _____

7. Elle a descendu l'escalier à pas feutrés.

   _____

8. Sa mère a conseillé à sa fille de verrouiller la porte.

   _____

9. Jean a versé du vin dans la carafe.

   _____

10. Il s'est servi d'un entonnoir.

    _____

11. Elle n'a pas allumé la lampe à huile.

    _____

12. Voulez-vous ajouter les médicaments à votre liste?

    _____

13. Je me demande s'il s'intéresse beaucoup à la peinture abstraite.

    _____

14. Elles ont vu passer <u>leurs amies</u>.

_____

15. Ne répondez pas <u>à la lettre de Marie</u>!

_____

16. Tu répondras <u>à Julie</u> bientôt, j'espère.

_____

17. <u>Joëlle</u> se reposait <u>sur le sofa</u>. J'ai vu <u>Joëlle</u> à sept heures.

_____

18. La jeune femme s'est mise <u>au travail</u> très sérieusement.

_____

19. Je dois payer <u>ces factures</u> avant demain soir.

_____

20. Des outils? Oui, j'ai <u>des outils</u>.

_____

21. Elle permettra (<u>à moi</u>) de forcer <u>les caisses</u>.

_____

22. Ils visiteront <u>le château</u> cet après-midi.

_____

E. Remplacez les mots soulignés par le ou les pronoms qui conviennent. (pp. 310-318)

Modèle: Parlons <u>à Gisèle</u>.
　　　　 Parlons-lui.

1. Traitons <u>le chien</u> avec douceur.

_____

2. Donne <u>les cachets d'aspirine à ta mère</u>.

_____

Exercices écrits

3. Jetez <u>de l'eau</u> sur l'incendie.

_____

4. Montez <u>à cheval</u> et faites <u>des tours équestres</u>.

_____

5. Ne mettez pas <u>vos livres</u> dans ce tiroir.

_____

6. Regarde <u>les livres</u> sur le bureau.

_____

7. Annoncez <u>le spectacle</u> au public.

_____

8. Ne présente pas <u>ce cadeau aux artistes</u>!

_____

9. Vantez <u>les mérites du spectacle</u> au public.

_____

10. Faites approcher <u>ces étudiantes</u>.

_____

F. Traduisez les phrases suivantes en français. (pp. 310-318)

1. They will force him to do it.

_____

2. Let's listen to them, they have something to tell us.

_____

3. The grapefruit? Taste (<u>tu</u>) some and tell me what you think of it.

_____

4. I advised him to ask you (<u>vous</u>) for help.

_____

5. She has fifteen; I only have six.

_____

6. Marie? She was watching them from afar when I saw her.

_____

7. I will tell you (vous) the story, but don't tell it to them.

_____

8. Introduce (vous) them to her. She will introduce them to us.

_____

9. Don't stand up (tu) yet! Wait for the parade, then stand up.

_____

10. Obey (vous) them! Sit down. They will be here soon.

_____

G. Remplacez les mots soulignés par un pronom accentué. (p. 318)

    Modèle: Qui a mon rasoir? Paul?
             Lui?

    1. Qui a peur? Jean et Philippe? _____

    2. Ce sont Marie et Cécile qui lui ont annoncé la nouvelle. _____

    3. Tous les projecteurs étaient dirigés sur la danseuse étoile. _____

    4. Il ne pense plus à Marguerite. _____

    5. Faites attention à ce chasseur! _____

    6. Je les ai aperçus, oui, Maurice et Gisèle. _____

H. Répondez aux questions suivantes en utilisant les mots entre parenthèses
   et en remplaçant les mots soulignés par le pronom qui convient.

    Modèle: Qui a ouvert la porte? (lui)
             Lui, il l'a ouverte.

    1. Qui a éteint l'incendie? (lui)

    _____

2. <u>Qui</u> va parler <u>à la dame en détresse</u>? (moi)

_____

3. A <u>qui</u> as-tu parlé? (leur)

_____

4. Combien <u>de cordes</u> a-t-elle achetées?(douze)

_____

5. <u>Qui</u> lui a demandé <u>de l'argent</u> près de la gare? (un mendiant)

_____

6. <u>Qui</u> va <u>te</u> punir? (toi)

_____

7. Chez <u>qui</u> passeras-tu <u>le week-end</u>? (elles)

_____

8. De <u>qui</u> se méfient-ils? (nous)

_____

9. A <u>qui</u> s'intéressait-elle? (lui)

_____

10. Sans <u>qui</u> allez-vous <u>en ville</u>? (vous)

_____

I. Complétez les phrases suivantes en utilisant <u>chaque</u>, <u>chacun(e)</u>, <u>quelques</u>, <u>quelqu'un(e)</u>, <u>quelques-un(e)s</u>, <u>tout(e)(s)</u> ou <u>tous</u>. (Appendice p. 421)

1. _____ fois que nous voyons Marie, elle est occupée.

2. Je vais inviter _____ amis.

3. _____ doit savoir la réponse, non? Philippe? Sonia?

4. _____ de ces romans sont assez intéressants.

5. _____ de mes sœurs travaille dans un bureau.

6. Elle va nous donner _____ vieux meubles.

7. Il a mal prononcé _____ mot.

8. Si vous aimez ces histoires, je vous en raconterai _____.

9. _____ le monde s'est bien amusé.

10. Nous allons visiter _____ les musées de Paris.

11. _____ personne à qui je parle me dit la même chose.

12. Oui, il me reste _____ livres, mais j'en ai vendu beaucoup.

13. Ils se sont _____ mis à parler en même temps.

14. Tu cherches _____? Qui? Sylvie? Marie-Claire?

15. Dites-moi _____! J'adore les scandales!

J. Complétez les phrases suivantes en utilisant un pronom possessif. (p. 321)

1. Il va faire ses emplettes et (hers) _____.

2. Son caniche grogne d'un air menaçant à mon chien et (at yours--tu)

   _____.

3. Je porterai mon filet et (yours--vous) _____.

4. Ce voleur-là a volé sa voiture et (theirs) _____.

5. Les provisions? (Mine) _____ sont dans la cuisine.

6. Ces légumes-ci sont (mine) _____; les autres sont (hers)

   _____?

7. Notre poids? Oui, le médecin veut savoir (ours) _____ et

   (yours--tu) _____.

8. Où sont tous les livres que nous voulions vendre? Maurice a acheté

   tous (ours) _____ et tous (yours--vous) _____.

9. Hugo a l'intention d'envoyer des lettres à ta sœur et (to theirs)

   _____.

10. L'aspirateur? Voulez-vous emprunter (his) _____ ou (mine)

    _____?

Exercices écrits

K. Complétez les phrases suivantes en utilisant un pronom démonstratif défini.
    (p. 323)

    1. Voulez-vous cette brosse-ci pour nettoyer le plancher ou préférez-vous

       (that one) _____?

    2. Ah, voilà une Citroën! Est-ce que c'était dans (that one) _____
       que tu es allée à la Grande Motte?

    3. Lesquels de ces garçons aimes-tu? (These) _____ ou (those)

       _____?

    4. As-tu déjà lavé toutes les fenêtres?—Non, j'ai déjà lavé (these)

       _____, mais pas encore (that one) _____.

    5. Vous avez besoin d'un manteau. Voulez-vous porter (George's)

       _____ ou (Henry's) _____?

    6. Jean a acheté beaucoup de fruits au marché; (those) _____ qui

       sont d'Espagne semblent plus savoureux que (those) _____ qui
       viennent d'Italie.

    7. Je ne sais pas quel canapé je préfère, (the one) _____ que tu as

       acheté la semaine passée ou (André's) _____.

    8. Prête-moi tes outils. (The ones) _____ que tu as sont meilleurs

       que (Marcel's) _____.

L. Complétez les phrases suivantes en utilisant un pronom démonstratif défini
    ou indéfini. (pp. 323-325)

    1. Je ne sais pas ce que c'est; mais je crois que _____ fait
       monter le lit.

    2. Attention! _____ va vous blesser!

    3. _____ me surprend: Maurice a décidé de reprendre son travail.

    4. François a acheté ces deux paires de chaussures; _____ vient

       d'Espagne, _____ est du Brésil.

    5. Il a couru plus d'un kilomètre pour attraper l'autobus: _____
       l'a fait transpirer.

6. _____ m'étonne de voir tant de mouettes si loin de la mer.

7. _____ sert de pelle, _____ de râteau.

8. La vie est comme _____; _____ n'est pas très étonnant.

9. Raoul a apporté une bague d'or et un bracelet d'argent; _____ est à Danièle et _____ est à Mireille.

10. _____ est une Renault, _____ n'est pas une Fiat.

11. On a transporté cette dame à l'hôpital. _____ doit être sérieux.

12. Il est vrai que ce couple cherche un petit coin de bois isolé.

_____ n'est pas du tout choquant!

EXPRESSIONS IDIOMATIQUES

M. Dans chacune des phrases suivantes, employez une expression idiomatique de la liste ci-dessous:

se fier à	se douter que	se tromper de
essayer de	servir de	devoir + inf.
tenter de	servir (à)	faire + inf.
douter que		

1. Non, elles ne feront pas leurs propres vêtements. Elles les

_____ faire. (futur)

2. Monsieur! Vous _____ numéro! Laissez-nous tranquilles! (passé composé)

3. Quel imbécile! _____ jouer un mauvais tour à ces enfants. (passé composé)

4. Maurice est un type très bien. Je _____ lui. (présent)

5. Alice _____ que vous puissiez finir avant elle; elle a presque terminé. (présent)

6. S'ils _____ vraiment de trouver la solution, je crois qu'ils y réussiraient. (imparfait)

7. Tous ces animaux ne _____ qu'à faire plaisir aux spectateurs. (imparfait)

8. Tu _____ sélectionner un vin superbe si tu veux impressioner les invités. (conditionnel)

9. Nous _____ qu'ils seraient allés au Portugal sans elle. (imparfait)

10. Tu parles arabe? Veux-tu me _____ interprète en Egypte? (infinitif)

rendre + adj.	tâcher de	revenir
se douter de	se méfier de	retourner
douter de	se tromper	emmener
s'efforcer de		

11. J'espère que tu _____ résoudre toutes mes difficultés. Je suis sûr que tu y réussiras. (futur)

12. Elle m'a appelé Alceste; mais elle _____ : je m'appelle Jean-Jacques. (passé composé)

13. Bien sûr, cette expérience nous _____ plus sages. (passé composé)

14. _____ -la chez le médecin. Elle a très mal à la gorge. (impératif)

15. Oui, il habite toujours dans la maison de sa sœur et il ne sait pas qu'elle _____ de France plus tôt que prévu. (futur)

16. Si tu _____ résultats, refais l'expérience pour voir si tu as raison. (présent)

17. Ne _____ pas encore _____ eux! Donnez-leur le temps de prouver leur innocence. (impératif)

18. Si elle _____ en Finlande en décembre, louerez-vous son appartement pour l'hiver? (présent)

19. _____ faire bouger ce frigo. Ça pèse une tonne! (impératif-tu)

20. Certes, nous _____ leurs intentions, c'est pourquoi nous ne leur avons pas dit ce que nous allons faire. (présent)

COMPOSITION DIRIGEE: LE DRAGUEUR

N. Les deux jeunes étudiantes sont dans le train qui les emmène à Rome. Elles passeront quelques jours à Rome, puis s'embarqueront pour la Grèce. Nancy est fâchée contre Anne. Celle-ci pense toujours au jeune homme qu'elle a rencontré à Paris. Nancy interroge Anne. Jouez le rôle d'Anne et répondez aux questions de Nancy en défendant vos actions et votre attitude. Essayez autant que possible d'employer des pronoms.

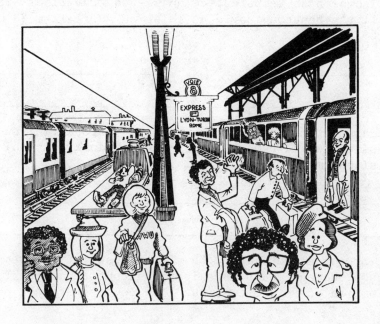

—Alors, Anne, tu ne vas pas me dire que tu es toujours aveuglée par ce type-là. Regarde-le! Il est déjà en train de trouver une nouvelle victime!

_____

_____

—Quelles promesses! Ce sont les promesses d'un dragueur. Tu m'as bien comprise: un dragueur! Et tu le sais aussi bien que moi. Tu ne l'as pas vu aborder cette jeune étudiante américaine sur le quai?

_____

_____

—Comment! Il est venu à la gare avec nous pour chercher sa cousine! Il t'a dit ça! Ah, Anne, tu n'y verras jamais très clair. Réfléchis un peu. Qui payera   pour lui maintenant que tu n'es plus là? Il ne le fera pas en poussant des chariots. Il a des goûts trop raffinés.

_____

_____

—Qui t'a dit ça? Lui? Mais tu crois tout ce qu'il te dit, ma parole!
Où est-ce qu'il va trouver l'argent nécessaire pour ouvrir une galerie
d'art moderne? Il ne s'y connaît même pas en bandes dessinées!

_____

_____

—Et pendant combien de temps est-ce qu'il y a travaillé? Tu as vu son
diplôme? Il t'a beaucoup parlé au sujet du surréalisme? Qu'est-ce qu'il
t'a raconté?

_____

_____

—Je n'ai jamais entendu de telles sottises! Mais enfin, tu sais que je
suis ta copine, que tu peux te fier à moi... donc, dis-moi ce que tu as
trouvé de si charmant chez ce type.

_____

_____

—Ça alors! Et qui a tout payé? Ce n'était pas lui assurément. Même ce
mec aux longs cheveux qui nous suivait partout a payé parfois. Par
exemple, combien de fois est-ce que l'on peut perdre son portefeuille?

_____

_____

Maintenant vous allez continuer ce dialogue vous-même. Employez les
expressions suivantes: se méfier de, rendre + adj., douter de, devoir + inf.,
faire + inf., s'efforcer de, servir à et prétendre + inf. Prenez une feuille
de papier pour écrire le dialogue.

Septième Chapitre

LA SUBSTITUTION

Exercices oraux: Bande 1

Activité 1: Phonétique--Le e̲ muet

Explication: La voyelle /ə/ s'appelle souvent le e̲ muet parce que, dans certains cas, le e̲ "tombe", c'est-à-dire qu'il ne se prononce pas. Par exemple:

> samẹdi (sa mdi)

Par contre, s'il se prononce, il a la même longueur que les autres voyelles. Par exemple:

> vendr e̲di (v a drə di)

Voici les règles générales pour le e̲ muet:

1. A la fin d'un mot isolé ou d'un groupe de mots, le e̲ muet ne se prononce jamais. Par exemple:

   > regardẹ
   > à la fermẹ

2. A l'intérieur d'un groupe de mots, le e̲ muet ne se prononce jamais devant une voyelle. Par exemple:

   > un jeunẹ étudiant
   > quellẹ heurẹ est-il?

3. Devant une consonne—à l'intérieur d'un mot ou d'un groupe de mots la prononciation du e̲ muet dépend de la "règle des trois consonnes":

   a. Si le e̲ muet est précédé d'une seule consonne prononcée, il tombe. Par exemple:

   > samẹdi   (sa m̲di)
   > un peu dẹ vin   (õe pø dvɛ̃)

   b. Si le e̲ muet est précédé de deux consonnes prononcées, on le prononce. Par exemple:

   > vendr e̲di   (v a drə di)
   > tou r̲ de̲ force (tur də fɔrs)

Exercices oraux: Bande 1

Répétez les mots suivants en faisant attention au e muet.

diré	au révoir	un pétit livré
téléphoné	madémoisellé	qu'est-cé qu'ellé fait
sallé	pas dé nouvellés	appartement
cetté églisé	tout dé suite	un autre livré
notré ami	beaucoup dé maris	avec le chauffeur
uné bonné idéé	un coup dé pied	un groupé de maris

Regardez dans votre cahier. A chaque numéro que vous entendrez dites les groupes de mots qui y correspondent. Ensuite, répétez la réponse-modèle qui suit.

1. dans lé train
2. par le train
3. je n'ai pas dé frères
4. quatré heures
5. uné autre fois
6. un pétit garçon

Activité 2:   Dialogue--Les conspirateurs

Activité 3:   Compréhension

Vous allez entendre dix phrases à propos du dialogue. Déterminez si chaque phrase est vraie ou fausse et marquez V ou F dans votre cahier.

1. _____   3. _____   5. _____   7. _____   9. _____

2. _____   4. _____   6. _____   8. _____   10. _____

Activité 4:   Les pronoms

Dans chaque série de questions, répondez affirmativement à la première question, négativement à la deuxième, et selon votre expérience personnelle à la troisième. Dans chaque réponse, utilisez un pronom complément.

You hear: Alfred aime bien ses professeurs?
You say: **Oui, il les aime bien.**
You hear: Il les aime bien? Est-ce qu'il en parle souvent?
You say: **Non, il n'en parle pas souvent.**
You hear: Oh, il n'en parle pas souvent. Et toi, tu les aimes bien?
You say: **Oui, je les aime beaucoup.** ou **Non, je ne les aime pas.**
You hear: Moi, je les aime beaucoup. ou Pas moi. Je ne les aime pas.

160

Activité 5: Les pronoms compléments et l'impératif

Répondez en utilisant l'impératif et un pronom complément. Ensuite, écoutez
la confirmation.

You hear: Dites à Georges de vous regarder.
You say: **Regarde-moi.**
You hear: Regarde-moi.

Activité 6: Les pronoms à la troisième personne

Répondez affirmativement aux questions en utilisant <u>lui</u>, <u>leur</u>, <u>elle</u>, <u>elles</u>,
<u>eux</u>, <u>y</u>.

You hear: Tu as parlé à Bénédicte?
You say: **Oui, je lui ai parlé.**
You hear: Je lui ai parlé aussi.

You hear: Tu penses à Bénédicte?
You say: **Oui, je pense à elle.**
You hear: Je pense à elle aussi.

You hear: Tu penses à ton examen?
You say: **Oui, j'y pense.**
You hear: J'y pense aussi.

Activité 7: Les pronoms démonstratifs et possessifs

Répondez aux questions d'après les renseignements dans votre cahier. Utilisez
un pronom démonstratif ou un pronom personnel dans vos réponses. Notez que dans
cet exercice, <u>je</u> désigne la personne qui vous parle et <u>vous</u> désigne vous,
l'étudiant ou l'étudiante.

    Modèle: Les Vivier ont une voiture française.
             Mireille a une voiture italienne.
             Moi, j'ai une voiture anglaise.
             Et vous, vous avez une voiture américaine.

You hear: Laquelle des voitures est française?
You say: **Celle des Vivier.**
You hear: Celle des Vivier. Et laquelle est italienne?
You say: **Celle de Mireille.**
You hear: Ah, celle de Mireille. Alors à qui est la voiture américaine?
You say: **C'est la mienne.**
You hear: Oui, ce n'est pas la mienne, c'est la vôtre. Ma voiture est
           anglaise.

1. Jean-François porte un pull bleu.
   Moi, j'ai un pull jaune.
   Marie-Claire porte un pull blanc.
   Et votre pull est vert.

2. Vous avez acheté des disques américains.
   Patrick a acheté des disques de jazz.
   Christiane et Frédérique ont acheté des disques "rock."
   Moi, j'ai acheté des disques classiques.

Activité 8: Révision des pronoms--Petits dialogues

Complétez chaque dialogue que vous entendrez à l'aide des mots suggérés dans
votre cahier.

Premier dialogue

Oui, je veux bien
Oui / très bien
Oui / aussi
Non, mais / parlé hier soir
Non, c'est Alfred qui

Deuxième dialogue

 deux
où on vend les tartellettes au citron
Oh, oui / beaucoup

Troisième dialogue

ce T-shirt
aux Nouvelles Galeries
Oh, oui / très
Oui, j'aimerais bien

Quatrième dialogue

Oui, je voudrais bien que
Oh, nous pourrons
deux
Toi et moi / -ci
Georges et Henri pourront

Septième Chapitre

LA SUBSTITUTION

Exercices oraux: Bande 2

Activité 1:   Phonétique--Le e muet (suite)

Explication: Dans les monosyllabes tels que je, me, te, ne, ce, se, le, de, que, la prononciation du e muet tend à suivre les règles suivantes:

1. Au début d'une phrase

   a. le e ne se prononce pas dans les mots je, se, ce:

      Jé veux bien.
      Sé couché-t-il?
      Cé n'est pas vrai.

   b. le e se prononce dans les mots de, te, que, me, le, ne:

      De qui parle-t-il?
      Te cherche-t-elle?
      Que prenez-vous?
      Me vois-tu?
      Le connaissez-vous?
      Ne parlez pas.

2. En combinaison

   a. si deux e muets se suivent au début ou au milieu de la phrase, le
       premier tend à se prononcer, le second à tomber:

      je né crois pas   je lé veux
      je mé suis couché   ce né sont pas

   b. il y a deux exceptions importantes--cé que, jé te:

      tout cé que nous avons
      jé te verrai demain

   c. s'il y a une suite de plusieurs e muets sans l'intervention
       d'une autre voyelle, on alterne les e   qui se prononcent et ceux
       qui tombent:

      je né le régarderai pas

Répétez les groupes de mots suivants en essayant d'imiter les voix que vous entendez:

je comprends

je vais y aller

je trouve qu'il a raison

se peut-il?

se fâche-t-elle?

ce n'est pas possible

ce n'est pas assez

de quoi parlez-vous?

te lèves-tu?

que prends-tu?

me cherchiez-vous?

le veut-elle?

je ne sais pas

ce ne sont pas

je me suis amusé

je le prendrai

tout ce que tu voudras

il veut savoir ce que j'en pense

je te parlerai après

je ne le crois pas

je ne te vois pas

je me le demande

Maintenant, regardez dans votre cahier. A chaque numéro que vous entendrez, dites les phrases qui y correspondent. Ensuite, répétez la réponse-modèle qui suit.

1. je ne savais pas
2. que voulez-vous?
3. je me suis lavé le dos
4. je fais ce que je veux
5. je te le dirai après
6. de quoi as-tu peur?

Activité 2:   Histoire en images--Le Dragueur

Reportez-vous à l'image 1, page 341 dans votre livre. Anne téléphone plusieurs fois de Rome à Philippe, le dragueur, qui est resté à Paris. Elle est très nostalgique et rappelle les circonstances de leur rencontre. Jouez le rôle de Philippe et répondez à la jeune fille à l'aide des mots suggérés dans votre cahier.

1. oui / aérogare / Nancy et toi / chercher / car / qui / vous emmener / en ville
2. toi / tu / s'émerveiller de
3. oui / mais / je / ne pas être certain que / tu / me voir
4. c'est vrai / il / s'y installer / tout de suite
5. si jamais / je / pouvoir gagner / assez d'argent / je / venir
6. je / en avoir / lorsque / je / gagner / à la loterie nationale
7. Anne / ne pas être / jeune fille naïve / tu / être / trop exigeante
8. si / je / te prendre / sérieux / mais / avant de / faire le vol / Etats-Unis / je / avoir besoin / faire / de bonnes affaires

Activité 3:   Au jardin du Luxembourg

Reportez-vous à l'image 3. Anne et Philippe se parlent toujours au téléphone. Jouez le rôle de Philippe à l'aide des mots suggérés dans votre cahier.

1. oui / tu / y être / avec / d'habitude

2. tu / chercher / distractions / et / s'ennuyer un peu / peut-être
3. comme toujours / elle / profiter / occasion / et / lire / guide de Paris
4. n'est-ce pas / est-ce que / je / avoir / air de quelqu'un / qui / connaître la vie?
5. oui / il / se faire bronzer

(image 4)
6. je / regarder / gens / qui / jouer à
7. Nancy / t'entraîner / boutique / pour / achats
8. tu / prendre / airs! ce / être / elle qui / prendre des airs / avec / coiffure à la lionne / et / nouveaux vêtements

Activité 4: L'opération charme

Reportez-vous à l'image 5. Anne et Philippe rappellent d'autres souvenirs.
Jouez le rôle de Philippe en utilisant les mots suggérés dans votre cahier.

1. oui, oui! / tu / rester là / pendant / je ne sais combien de temps / écouter / histoires / te raconter
2. elle / me jeter / coup d'œil menaçant / elle / ne pas m'aimer
3. non / elle / faire / devoirs / pendant / Daniel / lire
4. absolument pas / il / ne jamais faire attention à

(image 6)
5. et / Nancy / bouder / elle / en vouloir à
6. je / avoir / soupçons / tu / payer tout / mais / je / être fauché / ne pas être / faute
7. comment / tu / vouloir dire / jouer de / et / faire la quête à / jamais de la vie
8. Anne / tes plaisanteries / me gêner / je / ne pas avoir l'intention / gagner / vie / comme ça

Activité 5: Reproches

Reportez-vous à l'image 7. Anne fait des reproches à Philippe. Jouez le rôle
de Philippe à l'aide des mots suggérés dans votre cahier.

1. tu / ne pas avoir le droit / parler comme ça / tu / rater bien / examens
2. à cause de / tu / ne pas aller me dire / je / être responsable
3. mais si / je / s'acharner / trouver / boulot / mais / ne rien trouver qui / être / conforme / talents
4. attention / je / ne pas avoir l'habitude / s'expliquer avec / femmes
5. de la patience / je / vouloir dire / je / ne pas pouvoir / s'appliquer à / ce qui / ne pas m'intéresser
6. je / ne pas dire ça / cependant / tu / vouloir / je / perdre / temps / poursuivre / boulot inutile
7. tu / être peu raisonnable / je / avoir / tempérament de poète / tu / me donner envie / effacer / moments / que / je / passer avec
8. Attends / Anne / rends-moi / dernier service / dire / Nancy / que / je / recevoir / hier / jolie lettre / et

Activité 6: Exercice de compréhension

Vous allez entendre une anecdote racontée par un homme d'affaires parisien.
L'anecdote s'intitule Dans le labyrinthe ou On n'en sort pas. Avant de commencer,
répétez les mots nouveaux: un p.d.g. (président-directeur général)—"top busi-
ness executive"; la S.N.C.F. (Société Nationale de Chemins de Fer)—"French
National Railroads"; le contrôleur—"conductor"; rembourser—"to reimburse";
une couchette "berth" (in a sleeping compartment shared with other people); un
single—"sleeping compartment occupied by one person".

Maintenant, les questions.

Vous allez entendre dix phrases à propos de l'anecdote que vous venez d'écouter.
Déterminez si chaque phrase est vraie ou fausse et marquez V ou F dans votre
cahier. Quand vous aurez terminé, vérifiez vos réponses en écoutant l'anecdote
une seconde fois. Commencez.

1. _____   3. _____   5. _____   7. _____   9. _____

2. _____   4. _____   6. _____   8. _____   10. _____

Huitième Chapitre

L'EXPANSION PAR RELATION

Exercices écrits

STRUCTURES GRAMMATICALES

A. Combinez les phrases suivantes en remplaçant le ou les mots soulignés par un pronom relatif. (pp. 360-365)

1. L'ours en peluche est tombé dans le lac. Le bébé aimait beaucoup cet ours.

   _____

   _____

2. La femme porte une robe sport en tweed. Elle l'a achetée la semaine dernière dans les grands magasins.

   _____

   _____

3. Elle est responsable de cette situation. Elle se plaint de cette situation maintenant.

   _____

   _____

4. Il va me parler de ces livres. Je ne les ai pas encore lus.

   _____

   _____

5. Le garçon de café a servi les consommations. Nous en avions très envie.

   _____

   _____

Exercices écrits

6. Il avait déjà mis la table. Il y a renversé une bouteille de vin.

_____

_____

7. Voici les fenêtres. Il était en train de les laver quand il a mis le
   pied dans le seau d'eau.

_____

_____

8. Le caniche s'est caché derrière la commode. L'enfant le cherchait.

_____

_____

9. Le dragueur a raconté des histoires amusantes à Anne. Il essayait de
   lui plaire.

_____

_____

10. Il a passé toute la matinée à faire des petits fours pour les invités.
    Il va les leur servir ce soir.

_____

_____

11. Les meubles étaient tout neufs. Les enfants grimpaient sur ces meubles.

_____

_____

12. Maintenant, il repasse les vêtements. Il les a lavés cet après-midi.

_____

_____

B. Combinez les phrases suivantes en remplaçant le ou les mots soulignés par
   où ou dont selon le cas. (pp. 363-367)

   Modèle: André ne sait pas quoi faire. Son chien ne cesse d'aboyer.
            André, dont le chien ne cesse d'aboyer, ne sait pas quoi faire.

1. Ce peintre vend malheureusement très peu de tableaux. <u>Ses</u> natures
mortes sont tout de même très belles.

_____

_____

2. Je rêve de cette époque. <u>A cette époque</u>, j'allais en France tous les
ans.

_____

_____

3. Jacqueline veut faire la connaissance de Bernard. <u>Son</u> père est artiste.

_____

_____

4. Je pense à ce garçon. <u>Ses</u> sœurs sont actrices.

_____

_____

5. Je n'aime pas du tout ce musée. Il n'y a que des tableaux abstraits
<u>dans ce musée</u>.

_____

_____

6. J'admire beaucoup Marie. <u>Ses</u> vêtements sont toujours à la dernière
mode.

_____

_____

7. J'envoie une carte postale à ces gens. J'ai fait <u>leur</u> connaissance à
Paris.

_____

_____

8. Bien sûr, le pauvre garçon semble humilié. <u>Son</u> père lui fait des
reproches sans cesse.

_____

_____

Exercices écrits

C. Complétez les phrases suivantes en utilisant un des pronoms relatifs indéfinis suivants—ce qui, ce que, ce dont, quoi ou qui. (pp. 367-371).

1. _____ la dame a cherché dans son sac est maintenant sur la commode.

2. Je sais bien à _____ Michel pense. Il pense à ses examens.

3. La vendeuse derrière le comptoir aura _____ nous avons besoin.

4. Je voudrais bien voir _____ il y a dans la salle des surréalistes.

5. Antoine n'a pas dit à sa mère qu'il ne rentrait pas dîner,_____ l'a évidemment importunée.

6. Maurice me montre en _____ consiste un mobile.

7. Le gardien veut savoir avec _____ Mathieu a dessiné sur le mur.

8. _____ m'intéresse le plus, ce sont les tableaux impressionnistes.

9. Voulez-vous me dire à _____ il emprunte toutes ces cassettes?

10. Marianne ne sait pas à _____ sert cet appareil.

11. Dites-nous _____ leur donne des ennuis.

12. M. Bellœil voudrait savoir _____ le gardien a saisi au collet.

13. Il va raconter _____ il a vu en entrant dans la salle des cubistes.

14. Je ne sais pas à _____ il s'intéresse. A Janine, peut-être.

15. _____ est dans le sucrier, ce n'est pas du sucre.

16. Les paysans viennent nous demander _____ nous avons envie.

17. Montre-moi dans _____ tu as fouillé pour trouver le billet doux.

D. Complétez les phrases suivantes en utilisant un pronom relatif ou un pronom interrogatif. (p. 368 et Chapitre II, pp. 63-70)

1. _____ a sonné? —C'était Jean-Pierre.

2. Comment s'appelle le garçon _____ habite à côté?

3. _____ cherches-tu? —Mes pantoufles.

4. Montre-moi les achats _____ tu as faits.

5. De _____ as-tu besoin? —D'ampoules électriques.

6. Où est le chien _____ tu as peur?

7. A _____ est-ce qu'il a envoyé le télégramme? —Au président.

8. Comment s'appelle la jeune fille à _____ tu parlais?

9. Sur _____ a-t-on inscrit son nom? —Sur une plaque de marbre.

10. Voilà la cathédrale derrière _____ se trouve leur maison.

11. _____ s'est passé hier soir?

12. Racontez-nous _____ s'est passé.

13. _____ vous avez fait en France?

14. Elle va nous montrer _____ elle a acheté.

15. De _____ est-ce que le conférencier a parlé? De la pollution?

16. As-tu compris _____ il parlait? —Oui, de la grange qui a brûlé.

17. Pour _____ est-ce qu'elle a tricoté ce chandail? Pour son neveu?

18. Savez-vous pour _____ elle travaille? —Oui, pour M. Landau.

19. A _____ vous intéressez-vous? —A la musique.

20. Comment s'appelle le journal _____ vous vous intéressez?

21. Dis-moi sur _____ ton fils grimpait quand il est tombé.

22. La grille devant _____ elle a stationné date du 17ᵉ siècle.

23. Voilà des romans _____ ont été écrits au 19ᵉ siècle. _____ préfères-tu? Ceux-ci?

24. Son père est un homme très sérieux avec _____ il est difficile de rigoler.

25. _____ le caniche a saisi entre les dents est tout déchiré maintenant.

26. Il est descendu au sous-sol _____ se trouvent les machines à laver et à sécher le linge.

27. Ils ne peuvent plus porter _____ ils ont dans les bras.

28. Evidemment je ne sais pas _____ tu as envie.

29. Maurice m'a dit _____ tu regardais à la conférence. Marceline,
    n'est-ce pas?

30. Il a terminé tous ses devoirs, _____ me surprend.

E. Traduisez les phrases suivantes en français. Faites attention aux temps des
    verbes, au subjonctif en particulier. (p. 370)

   1. I don't know anyone who wants that worn-out tire.

   _____

   2. That's the last time I'll do her a favor!

   _____

   3. She has nothing that we want.

   _____

   4. I didn't tell him to watch where he was walking.

   _____

   5. Where can I find a bookstore that sells foreign books?

   _____

   6. That was the most exciting adventure we ever experienced.

   _____

   7. She is the last person who bought anything in the store.

   _____

   8. They never do anything that she will complain about.

   _____

   9. I don't know anyone who has as many problems as she.

   _____

  10. I can't suggest any authors to you (vous) that you have not read.

   _____

  11. They will never send us anything that we can use.

   _____

12. I don't know a single kid any more who goes around barefoot all summer.

_____

13. Is there anyone who will be there before we arrive?

_____

14. This is the only day I will be able to get a tan before we return to the United States.

_____

_____

15. Although they want to get information about the impressionist museums in France, we don't know anyone who can get them the information.

_____

_____

16. It's clear that there is nothing that I can do for them.

_____

_____

17. Of course, she is interested in him. Think (<u>vous</u>) about it a little. All right, tell me what you think about it.

_____

_____

18. I think that is the only exchange office that will be open until 7 p.m.

_____

_____

Exercices écrits

EXPRESSIONS IDIOMATIQUES

F. Complétez les phrases suivantes avec une des expressions idiomatiques de la liste ci-dessous.

intéresser	en vouloir (à)	n'importe où
s'intéresser à	s'étonner de	se tromper
ne plus en pouvoir	n'importe quoi	chez
avoir envie de		

1. Vos projets ne nous _____ pas du tout: ils sont trop traditionnels. (présent)

2. Si Paul avait essayé de lui parler, elle lui _____ davantage. (passé du conditionnel)

3. Il te dirait _____ pourvu que tu sois impressionnée.

4. _____ Rousseau, philosophe et écrivain du 18e siècle, on découvre un moraliste ardent qui s'indigne de l'injustice sociale.

5. Ils avaient étudié toute la nuit pour leurs examens; le lendemain matin ils _____ . (imparfait)

6. Tu _____ si tu crois que tu vas rater ton examen. (présent)

7. Un de ces jours, je donnerai ma démission et je ferai un voyage

_____ .

8. Elle _____ vous trouver ici. Elle avait cru que vous étiez au Brésil. (passé composé)

9. Nous _____ plus _____ la musique

contemporaine, qu' _____ la musique baroque.
(présent)

10. Si tu _____ acheter cette Renault, il te l'aurait vendue très volontiers. (plus-que-parfait)

n'importe quel	valoir mieux	avoir mal à
se demander	valoir mieux que	s'étonner que
étonner	se servir de	n'importe qui

11. Ton désir de terminer ce projet les _____; d'habitude, tu ne finis rien. (<u>futur</u>)

12. Oui, regarde tous ces examens à corriger! Tu vois, toi aussi, tu

_____ la tête. (<u>futur</u>)

13. Mais ils _____ nous ayons pu finir avant le premier septembre. (<u>futur</u>)

14. _____ le croira si Marcel le dit.

15. Tu aurais réussi à ouvrir la caisse sans difficulté si tu

_____ ce marteau. (<u>plus-que-parfait</u>)

16. Il _____ tu enlèves ton chapeau quand la reine entrera. (<u>futur</u>)

17. Pauline _____ qui lui avait envoyé cette lettre. (<u>passé composé</u>)

18. _____ voiture serait mieux que celle-ci!

19. Il _____ attendre la fin avec patience. (<u>présent</u>)

Exercices écrits

COMPOSITION DIRIGEE: HISTOIRE EN IMAGES

G. Imaginez que vous êtes Francine ou Robert. De retour à l'université, vous
écrivez un article dans le journal de l'école. Racontez ce qui vous est
arrivé pendant votre voyage tout en considérant la liste de sujets ci-
dessous. Employez les expressions suivantes: se plaindre de, s'intéresser
à, devoir, ne plus en pouvoir, s'étonner que, en vouloir à, n'importe où,
n'importe comment, se demander. Employez autant que possible des phrases
qui contiennent ou des pronoms relatifs ou le subjonctif.

Les jours à décrire (pp. 383-399 dans votre livre):

Le dernier jour de l'année
universitaire.

Nous nous mettons en route.

En descendant la Garonne.
Un journée à Saintes-Maries de la Mer.
L'orage dans le bois.
Une nuit dans les montagnes.
On s'arrête au bord du Rhône.
De retour Rive Gauche.

Huitième Chapitre

L'EXPANSION PAR RELATION

Exercices oraux: Bande 1

Activité 1: Phonétique--Les semi-consonnes

Explication: On appelle semi-consonnes (ou semi-voyelles) des voyelles qui fonctionnent comme des consonnes.
    Le son /w/ se prononce comme /u/ rapidement lié à la voyelle suivante.

        doux   /du/
        douane   /dwan/

Ce son représente le groupe vocalique ou + une voyelle:

        jouer
        oui

Il se trouve aussi dans les combinaisons oi et oy:

        loi
        loyal

Le son /ɥ/ se prononce comme /y/ rapidement lié à la voyelle suivante:

        lu   /ly/
        lui   /lɥi/

Ce son est représenté par la voyelle u + une autre voyelle:

        nuage
        nuit
        continuer

Suggestion: Pour articuler le son /ɥ/, avancez vos lèvres autant que possible.

    Répétez les mots et les phrases que vous entendrez.

vous – vu	nouer – nuit
loup – lu	poids – puits
louer – lui	toile – tuile

oui	moi	huit	cuisine
Louis	voici	minuit	suivre
jouons	loin	je suis	juillet
souhaiter	voyage	pluie	continuons

Exercices oraux: Bande 1

Vous voyez à droite trois rasoirs froids.
Je suis celui qui l'a suivi.

Maintenant, regardez dans votre cahier.

Vous allez entendre des mots ayant des semi-consonnes; entourez d'un cercle le
son que vous entendez.

You hear: boîte
You circle: (/w/) /ɥ /

1. /w/   /ɥ /   6. /w/   /ɥ /

2. /w/   /ɥ /   7. /w/   /ɥ /

3. /w/   /ɥ /   8. /w/   /ɥ /

4. /w/   /ɥ /   9. /w/   /ɥ /

5. /w/   /ɥ /   10. /w/   /ɥ /

Regardez dans votre cahier. A chaque numéro que vous entendrez, dites le mot
qui y correspond. Ensuite, répétez la réponse-modèle qui suit.

1. voilà   4. souhaite
2. ensuite   5. envoyez
3. ennuis   6. puis

Activité 2:   Dialogue--Tout va bien

Activité 3:   Compréhension

Vous allez entendre dix phrases à propos du dialogue. Déterminez si chaque
phrase est vraie ou fausse et marquez V ou F dans votre cahier.

1. _____   3. _____   5. _____   7. _____   9. _____

2. _____   4. _____   6. _____   8. _____   10. _____

Activité 4:   Les pronoms relatifs

Répondez avec une phrase négative en utilisant le pronom relatif que.

You hear: Vous connaissez cette ville, n'est-ce pas?
You say: **Non, c'est une ville que je ne connais pas.**
You hear: Ah, c'est une ville que vous ne connaissez pas.

Activité 5: Questions avec qui

Répondez avec une question en utilisant le pronom relatif qui.

You hear: Cette famille-là a dix enfants.
You say: Où est-elle, la famille qui a dix enfants?
You hear: Voilà la famille qui a dix enfants.

You hear: J'ai fait une promenade avec des amis hier.
You say: Comment s'appellent les amis avec qui tu as fait une promenade hier?
You hear: Les amis avec qui j'ai fait une promenade hier s'appellent les Duranty.

Activité 6: Questions avec lequel

Répondez avec une question en utilisant où et une forme de lequel.

You hear: Il a fermé la porte avec une clé.
You say: Où est la clé avec laquelle il a fermé la porte?
You hear: La clé avec laquelle il a fermé la porte est sur la table.

Activité 7: Réponses avec où

Répondez avec une phrase contenant l'adverbe relatif où.

You hear: Georges habite dans cette maison.
You say: Ah, voilà la maison où Georges habite.
You hear: Oui, c'est bien la maison où Georges habite.

Activité 8: Réponses avec dont

Répondez à chaque question avec une phrase contenant le pronom relatif dont.

You hear: Tu as besoin de ce livre?
You say: Oui, c'est le livre dont j'ai besoin.
You hear: Ah, c'est ça, le livre dont tu as besoin.

Exercices oraux: Bande 1

Activité 9:   Les pronoms relatifs indéfinis

Répondez à chaque question en utilisant la construction <u>ce que</u>, <u>ce qui</u>, ou <u>ce dont</u>.

You hear: Qu'est-ce qu'elle veut?
You say: **Je ne sais pas ce qu'elle veut.**
You hear: Ah, tu ne sais pas ce qu'elle veut.

Activité 10:   Combinez les phrases

Combinez chaque paire de phrases que vous entendez en une seule phrase.
Utilisez un pronom relatif.

You hear: Voilà Bénédicte. Elle a téléphoné hier.
You say: **Ah, c'est elle la fille qui a téléphoné hier.**
You hear: Oui, c'est elle la fille qui a téléphoné hier.

Huitième Chapitre

L'EXPANSION PAR RELATION

Exercices oraux: Bande 2

Activité 1: Phonétique--Les semi-consonnes (suite)

<u>Explication</u>: La semi-consonne /j/ est prononcée comme l'<u>y</u> dans le mot anglais <u>year</u>. Elle est représentée par les graphies <u>-il</u>, <u>-ille</u>, <u>-y</u>, <u>-ie</u>. Par exemple: sole<u>il</u>, f<u>ille</u>, essa<u>y</u>er, pan<u>ie</u>r.
    Lorsqu'un mot français réunit dans la même syllabe la semi-voyelle /j/ précédée d'une voyelle, la prononciation de cette voyelle est très distincte. Ecoutez les mots suivants:

-ail(le)	/aj/	travaille
-eil(le)	/ej/	réveil
-euil(le)		
-ueil(le)	/œj/	fauteuil
-œil		
-ouil(le)	/uj/	fouiller
-uille	/yj/	aiguille
-ille	/ij/	famille

Attention: <u>-ille</u> se prononce <u>l</u> dans les mots suivants:

        mille   ville   tranquille   Lille

Maintenant, répétez les mots que vous entendez.

voyage	accueil	travailler	soleil	fille	mille
payez	veuille	fouille	pareil	famille	million
épicier	travail	nouille	vieille	s'habiller	ville
disiez	détail	grenouille	bouteille	grille	village
œil	taille	chatouille	aiguille	gentille	tranquille
				se maquiller	Lille

Regardez dans votre cahier. A chaque numéro que vous entendrez, dites le mot qui y correspond. Ensuite, répétez la réponse-modèle qui suit.

    1. employer   5. nouille
    2. ville   6. vieille
    3. œil   7. aiguille
    4. faillir   8. accueillir

Exercices oraux: Bande 2

Activité 2: Histoire en images--La France en bicyclette

Reportez-vous à l'image 1, page 383 dans votre livre. Robert rencontre un ami qui fait des projets de voyage pour l'été prochain et qui voudrait connaître les impressions de voyage de Robert. Jouez le rôle de Robert et répondez aux questions de son ami à l'aide des mots suggérés dans votre cahier.

1. sans aucun doute / tu / savoir que / au début / je / ne pas être enthousiaste
2. Francine / prendre / elle / ne jamais manquer de / pour / aventures
3. hélas! / je / être / un / intellectuel / qui / préférer / travailler / bibliothèque
4. non / je / ne pas être convaincu / bicyclette / être / bonne idée
5. si / maintenant! / d'abord / je / hésiter / en acheter une
6. pas du tout / on / me conseiller / prendre / haut de la gamme / mais / je / ne pas vouloir payer / trop cher

Activité 3: En route!

Reportez-vous à l'image 2. Continuez votre conversation à l'aide des mots suggérés dans votre cahier.

1. mais non! / je / ne pas être / bonne forme / et / je / souffrir beaucoup
2. non / elle / être / sportive / elle / avoir l'habitude / faire
3. non / elle / ne jamais en avoir / tandis que / moi / je / avoir une bicyclette / qui / avoir toujours besoin / réparations
4. avoir du mal à / mais / Francine / m'encourager / et / m'aider
5. pas beaucoup / je / réussir à / réparer / pneus crevés / mettre / nouvelles chambres à
6. non nous / ne pas avoir / outils nécessaires / réparations importantes
7. non / mais / Francine / savoir bien / se débrouiller

Activité 4: La descente de la Garonne

Reportez-vous à l'image 3. Continuez votre conversation à l'aide des mots suggérés dans votre cahier.

1. non / nous / descendre / Garonne / en
2. oui / je / aimer / beaucoup. / être / lent et tranquille. / je / avoir le temps pour / se perdre dans
3. elle / se mettre en / pour / bronzer

(image 4)
4. oui / Francine / m'emmener / voir / gitans / faire un pélerinage
5. oui / je / en voir beaucoup: / ceux / danser la farandole, / d'autres / prédire l'avenir / et / même / touriste / s'habiller en
6. oui / gitane / qui / porter / bracelets / colliers / et / couleurs vives / me le prédire

7. elle / impressionner / peut-être / Francine / qui / nous regarder avec /
mais / elle / me faire peur / un peu

(image 5)
8. oui / elle / me dire que / je / aller / faire / mauvaises rencontres /
château
9. je / ne pas savoir / mais / nous / demander refuge / château / bois
10. il / pleuvoir / nous / être frigorifiés / Francine / toquer à
11. qui / savoir? / on / nous refuser / et / nous dire / déguerpir

Activité 5: Aux vendanges

Reportez-vous à l'image 7. Répondez à l'aide des mots suggérés dans votre
cahier.

1. si / vers / fin de l'été / nous / avoir / mal à / payer les provisions
2. non / nous / faire les vendanges / pendant deux semaines
3. pas énormément. / Francine / avoir l'air de / mais / il / faire chaud /
et / être / travail pénible
4. oui / on / se lever tôt / et / se coucher tard / et / toute la journée /
soleil / taper dans le dos
5. oui / je / faire la connaissance / jeune blonde américaine / être /
très gentille / et / copine brune / ne pas me sembler / très sérieuse

(image 9)
6. je / retrouver le calme / bibliothèque / où / je / ne penser qu'à /
études
7. elle / avoir / nouvelle idée / et / vouloir / acheter / moto
8. elle / vouloir faire / tour de / tout / l'Europe / moi / l'idée /
faire horreur / à moi

Activité 6: Exercice de compréhension

Vous allez entendre une petite conférence au sujet du comique et du théâtre
d'avant-garde. La conférence s'intitule Un Rire sérieux. Ensuite on vous
posera des questions basées sur la conférence.

Maintenant, les questions.

Vous allez entendre une série de questions à propos de la conférence que vous
venez d'écouter. Chaque question est suivie de trois réponses possibles.
Répondez à la question en entourant d'un cercle la lettre qui correspond à la
meilleure réponse. Quand vous aurez terminé, vérifiez vos réponses en écoutant
la conférence une seconde fois.

1. a b c   4. a b c

2. a b c   5. a b c

3. a b c   6. a b c